Mein Geschenk an die Welt

Dipl.-Psych. & LifeCoach Karin Krümmel

Wie geht Veränderung?

Wie erreiche ich Zufriedenheit?

Wie finde ich Klarheit?

© 2014 Karin Krümmel
alle Rechte vorbehalten

KONZEPTION I GESTALTUNG: Sybille Paulsen
SATZ: Sybille Paulsen
Gesetzt aus der Quicksand & Minion Pro
ILLUSTRATIONEN: Sybille Paulsen
HERSTELLUNG & VERLAG: BoD GmbH, Norderstedt
ISBN 978-3-735-75717-3

HINWEIS: Dieses Buch bietet keinerlei Ersatz für eine Therapie. Lesen und Anwenden des Inhalts und der Übungen erfolgen auf eigene Verantwortung.

Anfang meiner Geschichte:

Ich werde etwas ändern. Ich werde glücklich und zufrieden sein. Meistens, hoffentlich. Wenn ich nur wüsste, wie das geht. Ich werde tief in mir die Antworten finden. Antworten auf die richtigen Fragen.
Ich beginne diesen Weg Jetzt mit einem klaren Ja.
Ja, ich möchte ein glückliches und zufriedenes Leben. Jetzt.
Ich, die versteckte Tochter.
Ich, die 1er-Schülerin ohne Selbstvertrauen.
Ich, die Rebellin, die sich nicht unterordnet.
Ich, die Einsame, die keine verbindlichen Beziehungen eingeht.
Ich, ein freier Vogel ohne Zuhause.
Ich, der Sonnenschein, die auf andere Menschen so sicher und stark wirkt.
Ich, Karin Krümmel, geb. 1975, Tochter, Frau, Mensch.
Ja. Jetzt. Auf geht´s.

EINFÜHRUNG

Wie können wir in einer neuen Form miteinander leben, uns in Freiheit so annehmen wie wir wirklich sind, uns gegenseitig unterstützen und uns in Liebe verbinden?
Viele Entscheidungen und Handlungen haben ihren Ursprung in einem Mangelbewusstsein. Gedanken von Mangel und nicht genug' steuern das Leben und das Miteinander.

Was wäre, wenn der Sinn unseres Lebens ganz einfach ist? Zu einfach, um dies als Antwort auf die große Sinnfrage gelten zu lassen.
Was wäre, wenn es darum geht, einfach glücklich und zufrieden zu sein, im Einklang mit sich und anderen zu leben. Ein zufriedenes, neues Miteinander – in Freiheit und Verbundenheit. Jeder allein dadurch ein Geschenk an die Welt ist.
Das wäre alles. Zu einfach?

Meist versuchen wir, Glück und Zufriedenheit in unseren äußeren Lebensumständen zu finden und scheitern dabei früher oder später.

Die folgenden 5 Kapitel zeigen einen möglichen Weg zur Zufriedenheit, hin zu einem glücklicheren Leben.
Jedoch ist es vorab unabdingbar, die folgende Frage ehrlich, klar und tief von innen zu beantworten:

Willst du wirklich glücklich und zufrieden sein?

Ist deine Antwort ein klares „JA", dann wird es Zeit, dich auf den Weg zu machen. Dieses Buch kann dir eine kleine Navigationshilfe auf deinem Weg sein.
Ist deine Antwort eher „hm, naja, vielleicht, irgendwie schon, möchte das nicht jeder, was heißt denn glücklich und zufrieden genau", dann warte noch, bis du mehr innere Klarheit gefunden hast und du es wirklich tief von innen willst. Dies kann sich jederzeit ändern, es ist deine Entscheidung.

Willst du wirklich ein zufriedenes Leben? Ja? Ja! Auf geht´s.

DER INHALT

Dieses Buch beinhaltet 5 Kapitel. Diese Kapitel bilden einen Kreis. Anfang und Ende gehen ineinander über zu einem immerwährenden Kreislauf des Lebens. Wo etwas endet, beginnt das Neue. Himmel und Erde verbinden sich. Menschen verbinden sich zu einem Neuen Miteinander, jeder Einzelne als ein Geschenk an die Welt.
Der Anfang ist da, wo du jetzt gerade bist.

Die 5 Kapitel:

I

ERDE – Ich bin.
Kapitel 1 beschreibt Möglichkeiten, wie du dich hier und jetzt spüren, erden und dein Leben so, wie es jetzt gerade ist, für diesen Moment annehmen kannst. Dies ist die Voraussetzung für jede Veränderung. Dein Weg beginnt auf der ERDE.

II

GLAUBE – Ich glaube.
Kapitel 2 zeigt dir, wie du selbst zum Gestalter deines Lebens werden kannst. Du entwickelst eine klare Vision und lernst, deinen Fokus zu halten und an dich zu glauben. Lenkst du deine Aufmerksamkeit jedoch auf deine Zweifel, nährst du diese mit deiner Energie und deine Zweifel wachsen. Willst du deine Vision stärken: GLAUBE daran.

III

LIEBE – Ich liebe.
Kapitel 3 verbindet dich mit deinem Herzen. Du lernst auf dein Herz zu hören und diese unglaubliche Kraftquelle für dich als Wegweiser wahrzunehmen und zu nutzen. Alte Muster und Blockaden, ungünstige Glaubenssätze und vor allem deine Ängste schmelzen unter dem Einfluss der LIEBE.

IV

SPIEL – Ich lebe.
Kapitel 4 macht Freude. Nun bist du frei, dich auszuprobieren und einfach zu leben. Es ist gar nicht möglich, „Fehler" zu machen. Wir üben ein Leben lang. Du bist nicht mehr allein und verbindest dich aus deinem Herzen mit anderen Herzen auf deinem Weg. Dein Leben fühlt sich leicht und verbunden an, wie ein SPIEL.

V

HIMMEL – Ich bin.
Kapitel 5 lässt dich nun erneut spüren, wo du jetzt gerade bist. Du bist der Gestalter. Du hast gelernt, den Himmel auf die Erde zu holen. Du hältst Körper, Geist und Seele synchron und lässt das Leben durch dich fließen. Du erdest dich, verbindest dich mit allem was ist und bist im HIMMEL auf ERDEN.

Dein Leben geht weiter, es stellen sich dir neue Herausforderungen, du lernst, auch diese im Hier und Jetzt anzunehmen…, der Kreislauf beginnt von Neuem.
Keiner dieser 5 Schritte ist neu, alles Wissen darüber gibt es längst. Was es braucht, ist deine fühlbare, wache Erfahrung dieses Weges. Es bedarf, den Weg nicht nur zu kennen, sondern ihn auch wirklich zu gehen, immer wieder neu, in jedem Moment.

Jedes der 5 Kapitel folgt dem gleichen Aufbau:

1. Meine Geschichte: selbst erfahren
2. Denken und Fühlen: Darum geht´s
3. Handeln: praktische, umsetzbare Übungen
4. Fragen klären: Fragen und Antworten
5. Verankern: sinnbildhafte Geschichte

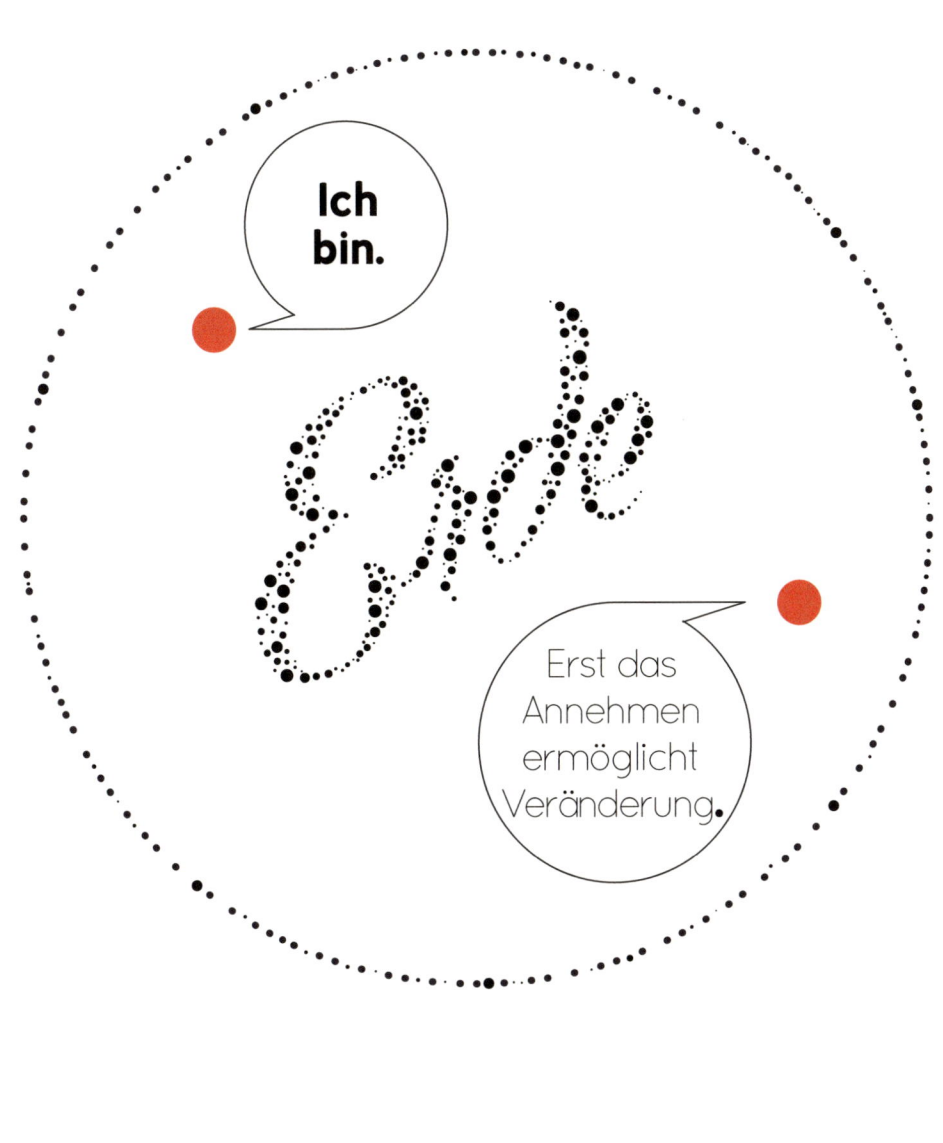

1 Meine Geschichte: selbst erfahren

Den Satz „Schön, dass Du da bist." konnte ich lange Zeit gar nicht glauben. Lange fühlte ich mich als "verstecktes Kind" und glaubte nicht, dass ich einfach so wie ich bin da sein durfte. Dies liegt begründet in den "filmreifen Familienverhältnissen", in die ich geboren wurde, und führte sicherlich auch dazu, später Psychologin und LifeCoach zu werden. ("Psychologie studiert man nicht aus Versehen.")
Das Gefühl, so angenommen zu sein, wie ich eben gerade bin, war mir zumindest von väterlicher Seite fremd. So begann eine lange Reise der Selbstoptimierung und des Strebens nach Perfektion. Es gab den Gedanken: Wenn ich nur irgendwann gut genug bin, dann sieht er mich, dann nimmt er mich als seine Tochter an. Lange war es mir damit unmöglich, mich selbst anzunehmen, so wie ich bin.

2 Denken und Fühlen: Darum geht´s

Oft scheint es, dass alles unverändert bleibt, wenn wir Dinge so annehmen wie sie sind. Wir sind mit unseren Gedanken und Gefühlen nicht da, wo wir jetzt gerade sind. Wir nehmen unseren jetzigen IST-Zustand nicht wirklich ganz wahr. Solange wir dort nicht sind, fehlt uns jedoch die Kraft, etwas zu verändern.
Das ist ungefähr so, als wenn ich gern von Berlin nach Paris fliegen möchte, jedoch nicht dazu stehe, dass ich gerade noch in Berlin bin. So werden eine Flugbuchung und das Erreichen von Paris undenkbar. Man stelle sich solch einen Dialog mit der Fluggesellschaft vor:
Mitarbeiter: „Wohin geht denn Ihr Flug?"
Reisender: „Nach Paris bitte."
Mitarbeiter: „Und von wo möchten Sie gern fliegen?"
Reisender: „Ich möchte endlich nach Paris, wo ich gerade bin tut nichts mehr zur Sache."

Es ist hier natürlich positiv zu erwähnen, dass dem Reisenden der Zielort durchaus bekannt war. Dazu mehr in Kapitel 2. Hier wird bereits ersichtlich, wie einer der 5 Schritte ohne die anderen nicht ausreicht. Genauso wie für eine Flugbuchung Abflughafen (IST-Zustand) und Zielort (SOLL-Zustand) benötigt werden.

Also, worum geht es:

1. Schritt: Annehmen, was jetzt gerade ist.

Ich lasse alle Gedanken und Gefühle da sein, nehme sie an. Wichtig: nicht nur die angenehmen Gefühle und Gedanken. Ich fülle meinen jetzigen Seins-Zustand mit meinem vollen Bewusstsein.
Es darf so sein. Ich darf so sein. Ja.

Warum? Weil mir dies überhaupt erst die Basis für eine Veränderung bietet. So ähnlich wie ein stabiler Startblock für einen Absprung.
Hier noch ein Bild, welches diesen ersten Schritt verinnerlicht:
Stell dir Folgendes vor:

Du bist Gast in einem Hotel. Du bist gerade angekommen. Bei dir hast du einen großen Koffer mit all deinen Gedanken und Emotionen darin. Du erhältst deinen Zimmerschlüssel und begibst dich mit deinem Koffer auf dein Zimmer.
Bist du dir dessen bewusst, dass du Gepäck trägst? Ist es wirklich dein Koffer? Weißt du, woher du dieses Gepäck mitgebracht hast? Was genau ist in dem Koffer? Welche Gedanken und Gefühle trägst du mit dir?
Achte darauf, dass dein Hotelzimmer groß genug ist und du dich darin noch frei bewegen kannst, wenn all dein Gepäck mit dir im Raum ist.
Auch folgende Vorstellung ist wichtig: Du selbst bist nicht dein Koffer, du bist auch nicht im Koffer. Du bist außerhalb davon. So kannst du deinen Koffer abstellen und dich frei bewegen.
Stell dir diese Bilder vor deinem inneren Auge für einige Momente wirklich vor und lass die Fragen auf dich wirken.
Wer bin ich hinter meinen Gedanken und Emotionen? Wie begegne ich da der Welt? Habe ich für mich und mein Gepäck genug Raum? Darf ich sein?
Stell dir immer wieder ein wirklich großes Hotelzimmer vor, damit all deine Gedanken und Gefühle ausreichend Platz haben und du dich selbst erfahren kannst. Wer bist du, wenn du deinen Koffer abstellst?
Hier ist es wichtig, sich gut zu erden. Das heißt, dass du dich in deiner inneren Vorstellung ganz tief mit dem Erdkern verbindest. Stell es dir einfach nur vor und spüre deine Wurzeln. Oft sind wir so mit unserem Gepäck identifiziert, dass es sich ganz leer und verloren anfühlen kann, wenn wir unseren Koffer abstellen. So tragen wir ihn, obwohl er sehr schwer ist. Da hilft eine gute Verbindung zur Erde und sorgt für ein Gefühl von sicheren Wurzeln, auch wenn wir den Koffer einfach mal abstellen.
Sei dir immer bewusst, dass es dein Gepäck ist, es geht nicht darum, es loszuwerden. Im ersten Schritt nimmst du es einfach an und gibst ihm genug Raum.
Auch Gedanken und Gefühle von Mangel, Widerständen und Ängsten dürfen sein.

Ich bin.

3 Handeln: praktische, umsetzbare Übungen

I - Gedankentagebuch

Schreibe für eine Woche mindestens 5x pro Tag auf, was du in diesem Moment gerade denkst. Schaue dir dann die Art deiner Gedanken an. Worum geht es dir? Werde dir einfach nur darüber bewusst, beurteile dich nicht dafür. Es ist wie es ist. Nimm es erst an, bevor du eine neue Entscheidung treffen kannst und deine Gedanken steuern lernst (s. Kapitel 2).

II - Ich bin-Übung

Mache dir eine Liste mit Dingen, die du der Welt von dir nicht gern zeigst oder sogar vor ihr versteckst. Dann beginne, einige davon ausgewählten Menschen mitzuteilen und zu zeigen. Erlaube dir, du zu sein und stehe zu dir. Teile auch Gedanken und Gefühle von dir mit anderen, welche dir nicht so erwünscht erscheinen, wie z. B. „Ja, ich bin gerade neidisch." Jeden Tag mindestens eine „Ich bin…"-Mitteilung an die Welt. Werde sichtbar und fühle, wie sich das für dich anfühlt.

III - Dankbarkeits-Übung

Ohne dass du bisher im 1. Schritt irgendeine Veränderung vorgenommen hast, mache jeden Abend vor dem Einschlafen (oder morgens nach dem Aufwachen) Folgendes: Überlege dir 3 Dinge, für die du bereits dankbar bist und notiere sie in einem kleinen Buch, welches du dir neben dein Bett legst. Finde jeden Tag 3 Dinge, die du so annimmst wie sie sind und wofür du bereits jetzt dankbar bist, z. B. „Ich bin dankbar für: mein warmes Zimmer, das tolle Buch, was ich gerade lese, und dafür, dass sich mein Rücken locker und entspannt anfühlt."

4 Fragen klären: Fragen und Antworten

Wie erkenne ich, wo mein Lebensweg ist?

Dein Lebensweg ist dort, wo du jetzt gerade bist. Und es kann sein, dass es sich ganz und gar nicht danach anfühlt. So wie ein Zug, der neben den Gleisen im Schotter langsam vor sich hin ruckelt und bald kaputt geht. Du hast deine Gedanken, Gefühle und deinen Körper, dein Körper-Geist-Seele-System. Wichtig ist, dass diese 3 Anteile synchronisiert sind. Dies ist deine Aufgabe. Darauf zu achten, dass Gedanken, Gefühle und Körper synchron arbeiten. Wenn du dich mit deinen Gedanken über deinen Körper hinwegsetzt (z. B. übermäßiges Training beim Sport), wird dein Körper Symptome zeigen. Wenn du deine Gefühle ignorierst, macht auch dies unerwünschte Symptome in deinem Leben usw.

Es bedarf eines Zusammenspiels aller 3 Bereiche: Körper, Geist und Seele im Einklang. Dort wo dies gegeben ist, ist dein Lebensweg. Und es gilt außerdem: Dort wo du jetzt gerade bist, ist dein Weg. Begib dich also mit vollem Bewusstsein dorthin, wo sich deine Gedanken, deine Gefühle und dein Körper jetzt gerade befinden und nimm es an, wie es jetzt gerade ist. Dies ist die Voraussetzung für ein zufriedenes Leben, der 1. Schritt.

Wie kann ich mein höchstes Potential leben?

Dein höchstes Potential wird sichtbar, wenn alle Anteile in dir leben dürfen. Dafür braucht es Freiheit. Die Freiheit, dass du so sein darfst, wie du wirklich bist. Außerdem bedarf es der Verbindung mit der Welt. Dich selbst sehen und gesehen werden. Erst durch die Verbindung mit anderen erfahren wir uns selbst ganz. Sind Freiheit und Verbindung in Balance, kann sich dein ganzes Potential entfalten und du wirst zu einem Geschenk für die Welt, lebst dein volles Potential.

Praktisch heißt dies, dass du dich der Welt zeigst, rauskommst aus deinem Versteck und zu dir stehst. Dann verbindest du dein Inneres mit der Welt, außen und innen, oben und unten, Himmel und Erde…, genau darum geht es bei den 5 Schritten zu mehr Zufriedenheit.

Wie lebe ich ein erfülltes und zufriedenes Leben?

Erstens: Hab die Absicht. Zweitens: Sag „Ja" zur jetzigen Situation. Dies ist je nach Lebenssituation unterschiedlich schwierig. Jedoch ist es nie die Situation an sich, die unser Leid verursacht, sondern unser „Nein" dazu, unser innerer Widerstand zu dem was bereits ist. Etwas nicht so anzunehmen, wie es ist, verursacht Schmerz und Leid. Somit geht es im 1. Schritt darum, die Dinge annehmen zu lernen. Wie gesagt, dies ist je nach Situation unterschiedlich schwer und braucht hin und wieder viel Raum und Zeit. Erst ab dann kann ich die Richtung steuern, s. Schritt 2.

Wie gehe ich mit meinen Emotionen um?

Deine Emotionen gehören zu dir, jedoch bist du nicht deine Emotionen. Gib ihnen genug Raum, wie in dem Bild mit dem Hotelzimmer und dem Koffer (s. „Darum geht`s"), aber sei dir im Klaren, dass du den Koffer mit deinen Emotionen abstellen kannst. Deine Gedanken verursachen deine Emotionen. In Kapitel 2 lernst du, wie du deine Gedanken lenken kannst und somit auch deine Gefühle beeinflusst. Im 1. Schritt heißt es: Nimm deine Emotionen an, sag Ja dazu, übernimm die Verantwortung und stehe zu dir: „Ja, so fühle ich jetzt gerade."

Wie schaffe ich es, meinen Verpflichtungen im Leben nachzukommen und mich dabei auch um meine eigenen Bedürfnisse zu kümmern?

Ist es nicht auch „deine Verpflichtung", dich um deine eigenen Bedürfnisse zu kümmern?
Sind Körper-Geist-Seele nicht synchron, gehen Gedanken und Gefühle möglicherweise in verschiedene Richtungen. Dann gibt es etwas, was du „möchtest und willst" und etwas was du „müsstest und solltest". Dies führt zu einem Spagat, der ein für dich zufriedenes Leben verhindert. Was wäre, wenn du „Müssen und Sollen" in „Wollen und Möchten" umwandelst, dich bewusst für das entscheidest, was du

für unabdingbar hältst? Ja, es kann sein, dass es für dich unbequem und schwer ist. Der Widerstand dagegen ist um ein Vielfaches schwerer. Wenn du Dinge zwar tust (Körper), jedoch nicht möchtest (Gefühle) und denkst, sie sind dir aufgezwungen (Gedanken), dann arbeitet dein Körper-Geist-Seele-System nicht mehr synchron. Dafür zahlst du einen hohen Preis.

So wie du eine Tür vor dem Durchgehen erst öffnest, entscheide dich vor einer Handlung bewusst dazu, es auch tun zu wollen, sag Ja. Willst du etwas nicht und tust es trotzdem, führt diese innere Dissonanz (Körper-Geist-Seele nicht synchron) zu Schmerz, ähnlich wie durch eine Tür gehen zu wollen, ohne sie vorher zu öffnen. Autsch.

Viele Dinge traue ich mich einfach nicht. Wie gehe ich mit meinen Ängsten um?

Je mehr Aufmerksamkeit deine Ängste bekommen, desto stärker werden diese. Es kann helfen, den Gegenpol der Angst zu stärken (s. 3. Kapitel). Liebe lässt Ängste schmelzen. Wenn du dir selbst nicht traust, bis du nicht ganz mit dir in Liebe verbunden. Bist du ganz in deinem Herzen, gehst du deinen Weg. Das heißt jedoch nicht, dass es sich jeder Zeit komfortabel anfühlt. Wenn du eine neue Richtung einschlägst, signalisiert dein Verstand, dass es neu und somit unbekannt ist. Dein Verstand versucht, dich am Leben zu erhalten und kann in unbekannten Situationen für nichts garantieren. Du fühlst Angst. Ist es eine Situation, welche in der Vergangenheit für dich schmerzhaft war, signalisiert dir dein Verstand: gefährlich. Was er dabei nicht beachtet ist, dass du durch die vergangene Situation möglicherweise gereift und nun auch erwachsen bist. Vieles macht uns Angst, weil es für uns als Kind gefährlich schien oder weil es einfach neu ist. Mit diesem Bewusstsein bedanke dich bei deinem Verstand (er macht nur seinen Job) und dehne dich über die Angst hinweg aus, umarme sie, werde weit (Freiheit). Atme, und dann tue was du tun möchtest, notfalls mit deiner Angst im Gepäck. Wichtig: Verbinde dich vorher mit deinem Herzen (Verbundenheit, s. Kapitel 3).

Ich brauche meine Freiheit und sehne mich nach Verbundenheit. Geht beides? Wie?

Es braucht beides, Freiheit und Verbundenheit. Eine Balance zwischen beiden Energien zu finden, ist deine immerwährende Aufgabe. Fühle in dich hinein. Haben deine Gedanken und Gefühle genug Raum (Freiheit)? Fühlst du dich mit der Welt verbunden (Verbundenheit)? Manchmal wird es sich zu eng anfühlen, manchmal zu losgelöst und einsam. Wenn du dies wahrnimmst, nimm es zuerst an (1. Schritt) und dann folge den nachfolgenden Ideen der kommenden 4 Kapitel. So lernst du, dein Leben eigenverantwortlich zu steuern und erfüllst dir bestmöglich deine Bedürfnisse nach Freiheit und Verbundenheit.

Meine Vergangenheit blockiert mein Leben, wie kann ich loslassen?

Deine Vergangenheit gehört zu dir und ist ein Teil deiner Geschichte, nicht mehr und nicht weniger. Je mehr du versuchst, diese abzuschütteln, desto hartnäckiger halten sich bestimmte Muster, stimmt´s? Nimm deine Vergangenheit an (1. Schritt). Ohne diese Annahme wird ein Loslassen nicht möglich sein. Hast du deine Vergangenheit angenommen, ist es nicht mehr nötig, sie loszulassen, du gehst einfach weiter. Versuche gar nicht erst, alles loszulassen, sondern werde dir deiner Geschichte bewusst, nimm sie an und dann sieh, dass sie zum jetzigen Zeitpunkt nicht mehr existiert. Sie ist vorbei. Gehe einfach weiter, sei ganz im Hier und Jetzt. Sobald wieder Altes auftaucht, sag einfach Ja dazu und dann fühle, was Jetzt ist. Gehe weiter.

Wie treffe ich gute Entscheidungen?

Eine Bewertung in gut und schlecht verursacht Enge und die Angst vor Fehlern. Mehr dazu in Kapitel 4. Vielleicht hilft es dir vorerst, deinen Wunsch umzuformulieren in „ich treffe jederzeit die bestmöglichen Entscheidungen". Wenn du dich klar entscheidest, zu jeder Zeit dein Bestmögliches zu geben, schwindet die Angst vor Fehlern. Vielleicht hast du aus einer unangenehmen Erfahrung gelernt und machst es nächstes Mal anders, jedoch hast du dein Bestmögliches gegeben.

Wie kann ich mich erden und präsent sein?

Es beginnt mit deiner Absicht. Setze die innere Absicht: Ich möchte mich mit dem Erdkern verbinden. Ich möchte ganz präsent sein, hier und jetzt. Mit etwas Übung reicht das und du bist mit diesen Gedanken sofort geerdet und präsent. Für visuelle Menschen helfen Vorstellungsübungen, anderen fällt es leichter, ihren Fokus auf den Atem zu lenken und ihren Körper ganz bewusst wahrzunehmen.

5 Verankern: sinnbildhafte Geschichte

Es kamen ein paar Suchende zu einem alten Zenmeister.
"Herr", fragten sie "was tust du, um glücklich und zufrieden zu sein?
Wir wären auch gerne so glücklich wie du."
Der Alte antwortete mit mildem Lächeln: "Wenn ich liege, dann
liege ich. Wenn ich aufstehe, dann stehe ich auf. Wenn ich gehe,
dann gehe ich und wenn ich esse, dann esse ich."
Die Fragenden schauten etwas betreten in die Runde. Einer platzte
heraus: "Bitte, treibe keinen Spott mit uns. Was du sagst, tun wir
auch. Wir schlafen, essen und gehen. Aber wir sind nicht glücklich.
Was ist also dein Geheimnis?"
Es kam die gleiche Antwort: "Wenn ich liege, dann liege ich. Wenn
ich aufstehe, dann stehe ich auf. Wenn ich gehe, dann gehe ich und
wenn ich esse, dann esse ich."
Die Unruhe und den Unmut der Suchenden spürend, fügte der
Meister nach einer Weile hinzu: "Sicher liegt auch ihr und ihr geht
auch und ihr esst. Aber während ihr liegt, denkt ihr schon ans
Aufstehen. Während ihr aufsteht, überlegt ihr wohin ihr geht und
während ihr geht, fragt ihr Euch, was ihr essen werdet. So sind
eure Gedanken ständig woanders und nicht da, wo ihr gerade seid.
In dem Schnittpunkt zwischen Vergangenheit und Zukunft findet
das eigentliche Leben statt. Lasst euch auf diesen nicht messbaren
Augenblick ganz ein und ihr habt die Chance, wirklich glücklich und
zufrieden zu sein."

(Autor unbekannt)

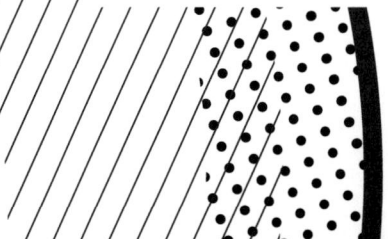

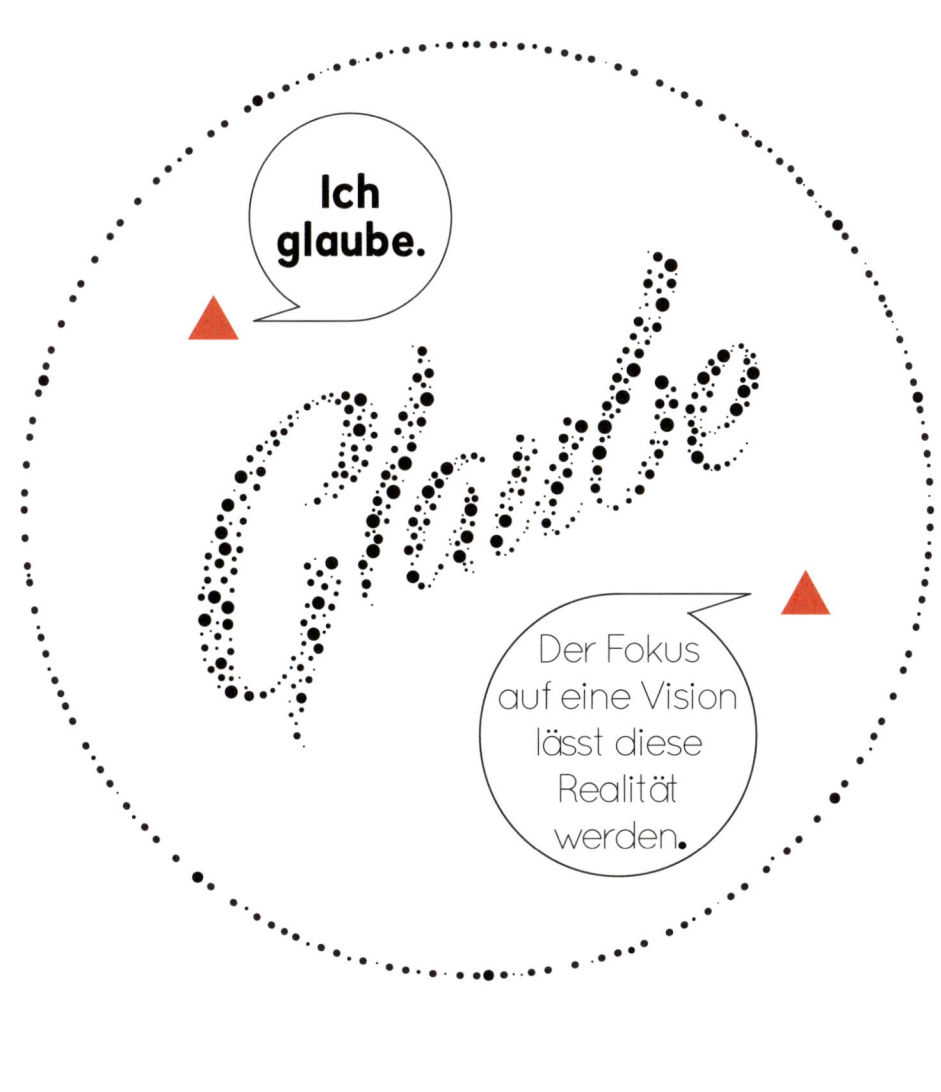

1 Meine Geschichte: selbst erfahren

Als Kind gab es Momente, wo ich etwas zu einem anderen Menschen sagte und selbst davon unglaublich berührt war. Ich hatte Tränen in den Augen, in mir war es ganz kribbelig und es war so, als hörte ich mir selbst zu, als sprach etwas durch mich. (Ja, dies würde auch einige klinische Diagnosen erfüllen.) In diesen Momenten fühlte ich mich ganz mit der Welt verbunden, alles hing zusammen und alle Fragen verschwanden. Ich verschmolz mit dem Ganzen.
Ich hatte sehr früh eine Vorstellung davon, was ich später machen würde, jedoch hatte ich keinen Namen dafür. Es hatte etwas mit dieser Art Dinge aussprechen und wahrnehmen zu können zu tun. Deshalb tat ich einfach immer das Naheliegendste, um meiner Vision zu folgen. Psychologie als Studium, Seminarleiterausbildung, Co-Trainer bei diversen Trainern, Weiterbildung in diversen Coachingtechniken… eine ständige Suche. Unterwegs immer wieder ein Aufleuchten diverser Wegweiser in unterschiedlichen Formen, denen ich dann folgte und dies bis heute tue. Dieser Glaube an meinen Weg führt mich.

2 Denken und Fühlen: Darum geht´s

Kann allein der Glaube Berge versetzen? Allein meistens nicht. Aber: Der Glaube ist ein wichtiger Baustein.

Wie kam es dazu, dass wir heute mit Flugzeugen um die Welt fliegen können? Es gab damals mindestens eine Person, die daran glaubte, dass Menschen unter bestimmten Bedingungen fliegen könnten. Allein der Glaube reichte natürlich nicht, aber alles begann mit einer Vision. Jemand hielt es für möglich. Nun, im Beispiel des Fliegens hatten sicherlich viele diesen Traum. Nun kommt es weiter darauf an, wie kontinuierlich eine Person ihren Fokus auf diese Vision richten kann, wie stark und beständig ihr Glaube daran ist.

Dies beschreibt der 2. Schritt: eine Vision entwickeln und den Fokus darauf gerichtet halten. Es kommt in diesem Schritt noch zu keiner Handlung im Außen. Der 2. Schritt gibt die Richtung für die dann folgenden Handlungen vor. Schritt 2 richtet den Geist auf eine Vision aus.

Wie entwickle ich eine Vision? Hier ist es erlaubt zu träumen. Was willst du wirklich? Lass dir hier erst einmal alle Freiheit, groß und weit zu denken. Dann beginne, das was du wirklich möchtest, zu visualisieren, d. h. es dir vor deinem inneren Auge bildhaft in allen Details fühlbar vorzustellen. Was kannst du dir vorstellen? Woran glaubst du wirklich? Kannst du dich selbst in dieser Vision sehen und fühlen?

In unserem Beispiel vom Fliegen gab es viele Menschen, die vom Fliegen träumten. Nicht alle von ihnen konnten es jedoch wirklich visualisieren, es sich wirklich bildlich vorstellen. Nicht alle glaubten wirklich daran, obwohl es ihr Traum war.

Gelingt es dir, konkret und fühlbar zu visualisieren, dann siehst du dich selbst in deiner erwünschten, neuen Situation. Achte auf alle Details. Wie fühlst du dich?
Nun halte deinen Fokus auf dieser Vision. Vielleicht hast du Zweifel. Dies ist okay. Glaubst du wirklich an deine Vision? Was braucht es möglicherweise an Veränderungen innerhalb deiner Vision, damit du wirklich daran glauben kannst? Glaubst du? Dann halte deinen Fokus.
Glaube.

Also, worum geht es:

2. Schritt: Eine Vision entwickeln, an welche du glaubst und den Fokus darauf halten.

Ich visualisiere, was ich wirklich will und woran ich glaube.
Ich halte meinen Fokus auf dieser Vision.
Wichtig: Begib dich selbst in diese Vorstellung, fühle wie du dich darin fühlst, glaube daran.
Es darf so sein. Ich darf so sein. Ja.

Warum? Weil mir dies überhaupt erst die Richtung für eine Veränderung bietet. So ähnlich wie eine Landkarte mit eingezeichnetem, begehbarem Wanderweg inklusive aller Sehenswürdigkeiten.

Hier noch ein Bild, welches diesen zweiten Schritt verinnerlicht:
Stell dir Folgendes vor:

Du sitzt auf einem Regiestuhl. Du bist Regisseur eines Filmes. Der Film ist dein Leben, vom jetzigen Zeitpunkt an. Alles ist möglich, vorausgesetzt, du kannst es dir vorstellen. Du entwickelst als Regisseur eine detaillierte Vorstellung der nächsten Szene, die gedreht wird. Als Regisseur ist es wichtig, deine Vorstellungen klar an dein Filmteam zu vermitteln. Welche Personen sind Teil dieser Szene? Wie sehen sie aus? Wie fühlen sich die jeweiligen Personen? Wo genau findet diese Szene statt, in welchem Umfeld? Was genau passiert?

Visualisieren ist eine wichtige Fähigkeit, die du so aktivierst und übst. Natürlich ist es im Leben nicht genau so, dass du allein Regie führst. Nicht alles liegt in deiner Hand. Jedoch braucht dein Leben dich am Steuer. Damit dein Leben „DEIN Leben" wird, ist es hilfreich, sich selbst über das Drehbuch Gedanken zu machen, auch wenn nicht alles 1:1 genau so eintrifft. (Manchmal ist es sehr gut, dass dies so ist.)

Ich glaube.

3 Handeln: praktische, umsetzbare Übungen

I – Erfolgs-Liste

Erinnere dich an Erfolge in deinem Leben. Schreibe alle kleinen und großen Erfolge in deinem bisherigen Leben auf. Was ist dir gelungen, was hast du geschafft, wo hattest du Glück, was passierte einfach so, worum hast du gekämpft und gesiegt, worauf bist du stolz, wo warst du erfolgreich, was gelang dir?
Richte deinen Fokus auf die Fülle in deinem bisherigen Leben.

II – Selbstbild-Fremdbild

Was glaubst du, ist „Dein Geschenk an die Welt"? Was sind deine besonderen Gaben und Qualitäten? Finde auf diese Frage 5 Punkte, die du für deine speziellen Gaben hältst, und schreibe diese auf. (Selbstbild)
Nun überlege dir 5 Personen, die du magst und die dich recht gut kennen. Bitte jede dieser 5 Personen, jeweils 5 Punkte aufzuschreiben, die sie für deine speziellen Gaben halten. Was glauben sie, was dein Geschenk an die Welt ist? (Fremdbild)
Schau es dir an, was glaubst du? Bleib mit deinem Fokus kontinuierlich auf deinen Stärken und Gaben. Stärken stärken, Schwächen schwächen.

III – Visionboard

Gestalte bildhaft deine Vision auf einem Visionboard. Dies kann eine Pinnwand sein oder einfach ein großes Blatt Papier oder Karton (mindestens A3), welches du mit deiner Vision bemalst, beklebst, gestaltest. Sammle Bilder von deiner Vision und gib diesen auf deinem Visionboard einen Platz. Was soll in deiner Vision alles vorkommen? Wie geht es dir, wenn du dir nun deine bildhafte Vision anschaust? Gib deinem Visionboard einen schönen Platz und schaue es dir jeden Tag an und fühle dich in deine Vision ein.

4 Fragen klären: Fragen und Antworten

Mein Selbstwertgefühl ist gering. Wie kann ich lernen, mehr an mich zu glauben?

Glaubst du, dass du das erlernen kannst? Bestens. Zuerst ist wichtig, dass du glaubst, dass du es lernen kannst. Entwickle eine Vision, worin du dich selbstbewusst in deinem vollen Potential sehen kannst. Dabei helfen dir die Übungen in diesem Kapitel. Step by step. Sei geduldig und liebevoll mit dir. Erinnere dich, dass auch du auf die Welt kamst, ohne an dir und deinem Wert zu zweifeln. Diese Zweifel und den Gedanken, dass du weniger wert seiest, hast du erst erlernt. Gehe nach innen, finde heraus, welcher Schatz da ganz tief in dir noch im Verborgenen schlummert: dein Geschenk an die Welt.

Wie finde ich meine Lebensvision?

Deine Lebensvision ist kein Osterei, welches gut versteckt irgendwo im Nirgendwo auf dich wartet. Vielmehr bist du mit diversen Möglichkeiten ausgestattet auf die Welt gekommen und nun gilt es, deine stimmige Vision daraus zu entwickeln, dein Leben nach deinen Möglichkeiten selbst zu gestalten. Entscheide dich für deine Lebensvision und höre auf, danach zu suchen.

Wie wird aus einer Vision Realität?

Durch Handeln. Jedoch nicht durch blanken Aktionismus. Deine Vision muss mit deinem Herzen verbunden sein. Liebe ist die Grundenergie (s. Kapitel 3). Der Antrieb zur Realisierung einer Vision muss von innen kommen (intrinsische Motivation), sonst kommt es früher oder später zur Erschöpfung und die Energie reicht nicht aus. Ist der Motor echte Begeisterung aus dem Herzen, ist der Antrieb unerschöpflich. Auch Leichtigkeit und „den Dingen ihren Lauf lassen können" ist wichtig (s. Kapitel 4). Zusammenfassend wird aus einer Vision Realität, wenn aus einer günstigen, inneren Einstellung eine Handlung folgt und das Leben seinen Teil dazugibt. (Manche Dinge „sollen" einfach nicht sein, warum auch immer.)

Wie gehe ich mit Zweifeln um?

Stell dir vor, du möchtest über einen Abgrund springen. Vorher überlegst du, ob es möglich ist, du wägst alle Risiken ab, vielleicht zweifelst du noch. Das ist okay und manchmal sogar lebensrettend. Sobald du dich bewusst für den Sprung entschieden hast, sind Zweifel tabu. Du brauchst dann deine gesamte Aufmerksamkeit, um dich auf den Sprung und die sichere Landung zu konzentrieren. Wenn du Anlauf nimmst und währenddessen noch zweifelst, wirst du vermutlich abstürzen. Also: Zweifeln während der Visionsfindung ist okay, sobald du beginnst zu handeln, richte deine gesamte Aufmerksamkeit auf dein Ziel.

Was kann mich unterstützen, meinen Fokus zu halten?

Meditation. Setze dich ruhig hin, atme, richte deine Aufmerksamkeit nach innen. Lass alle Geräusche, Gedanken und Gefühle einfach da sein, aber schenke ihnen keine besondere Aufmerksamkeit. Dann lass deine Vision vor deinem inneren Auge auftauchen und begib dich fühlbar in deine Vision. Sei in deiner Vision.
Mach es dir zur Gewohnheit, dich einmal am Tag für mindestens 5 Minuten auf deine Vision zu fokussieren. Ignoriere alle anderen Gedanken. Richte deine gesamte Aufmerksamkeit auf deine Vision. Dein Visionboard kann dir dabei helfen. Wesentlich leichter wird dies, wenn auch dein Herz mit deiner Vision verbunden ist. Mehr dazu im 3. Kapitel.

Wie gehe ich mit Rückschlägen und Hindernissen um?

Erlebst du Rückschläge und Hindernisse auf deinem Weg, sind diese bereits passiert. Nimm sie also zuerst einmal an – denke z. B.: „Ja, so ist das jetzt gerade." Schau dann, ob es dir trotzdem gelingt, deinen Fokus wieder auf deine Vision zu lenken. Mach dich innerlich so weit, dass Rückschläge und Hindernisse auch sein dürfen, aber richte deine Aufmerksamkeit nicht auf sie. Gelingt es dir nicht, deinen Fokus auf deiner Vision zu halten, dann ist das auch okay. Nimm dir Zeit und Raum, um in dir genug Platz für all deine Gedanken und Emotionen zu schaffen. Rückschläge und Hindernisse brauchen dann noch einen Moment zur Verarbeitung. Vielleicht unterstützt dich in dieser Zeit die Verbindung mit anderen Menschen. Sei geduldig mit dir. Vertraue dir, dass du aus den Rückschlägen und Hindernissen lernen konntest, und richte dann deine Energie erneut auf deine Vision aus und halte den Fokus.

Ist wirklich alles möglich?

Nur weil etwas möglich wäre, heißt das nicht, dass es auch eintritt. So viele Faktoren spielen eine Rolle. Hinzu kommt die Frage nach dem freien Willen und nach Glück, Schicksal, Vorherbestimmung usw.
Möglich werden Dinge, wenn du sie für möglich hältst, also daran glaubst. Dinge an die du nicht glaubst, bemerkst du möglicherweise gar nicht, wenn diese in dein Leben treten. Experimentiere damit, was du dir alles wirklich fühlbar vorstellen kannst. Was hältst du alles für möglich? Und dann lass noch ein wenig Platz, um dich vom Leben auch hin und wieder überraschen zu lassen. Hältst du Wunder für möglich? Manchmal hat das Glauben sehr viel mit „glauben wollen" zu tun.

Welchen Einfluss hat meine Vergangenheit?

Deine Vergangenheit hat dich dorthin gebracht, wo du jetzt gerade bist. Sie hat dich durch all deine gesammelten Erfahrungen geprägt. Wie diese vergangenen Erfahrungen weiterhin deine Gegenwart bestimmen, hängt auch von dir ab. Welchen Einfluss gibst du deiner Vergangenheit? Worauf richtest du deine Aufmerksamkeit? Richtest du deine Energien stark auf deine Vergangenheit, hat diese auch heute noch einen großen Einfluss. Deine Gegenwart kreiert sich dann aus deiner Vergangenheit. Das ist weder richtig noch falsch. Sei dir aber deines Einflusses bewusst. Welche Bedeutung gibst du selbst deiner Vergangenheit?

Welchen Einfluss hat der Glaube an Gott auf mein Leben und meine Zufriedenheit?

Was meinst du selbst zu dieser Frage? Wie geht es dir mit deinem Glauben? Viele Menschen glauben an eine größere Kraft und geben dieser unterschiedliche Namen. Gott ist nur einer davon. Entscheidend ist, ob du diese Kraft als getrennt und außerhalb von dir erlebst oder ob du diese Kraft ganz tief in dir und in Verbindung mit dir wahrnimmst. Fühlst du dich mit etwas Größerem verbunden, als einen Teil davon, erfüllt dies dein Bedürfnis nach Verbundenheit. Erlebst Du diese Kraft in dir und nicht außerhalb, fühlst du dich frei und kraftvoll genug, dein Leben selbst zu gestalten und erlebst dich selbst als Schöpfer deines Lebens. Freiheit und Verbundenheit führen dann sehr wahrscheinlich zu mehr Zufriedenheit.

5 Verankern: sinnbildhafte Geschichte

Die Navajo-Indianer erzählen sich eine wunderbare Geschichte. Ein alter Mann aus dem Stamm sprach zu seinem Enkel: "Manchmal hab ich das Gefühl, dass in mir ein Kampf tobt - ein Kampf zwischen den zwei Wölfen. Der eine Wolf ist böse. Er ist der Wolf des Zorns und Neids, der Sorgen, des Vorwurfs, der Gier und Arroganz, des Selbstmitleids, der Schuld, der Ablehnung, der Minderwertigkeit oder Überlegenheit; der Angst vor der Heilwerdung von Körper und Seele, vor dem Erfolg und davor, dass das, was die anderen gesagt haben, wahr sein könnte; der Angst, in den Mokassins eines anderen zu laufen, um nicht mit seinen Augen sehen und seinem Herzen fühlen zu müssen, wie sich die Wirklichkeit aus seiner Sicht darstellt, so dass ich an hohlen Ausreden festhalten kann, die ich im Inneren längst als falsch erkannt habe. Der andere Wolf ist gut. Er ist der Wolf der Freude, des Friedens, der Liebe und Hoffnung, der Gelassenheit, Bescheidenheit und Güte, des Mitgefühls für jene, die mir geholfen haben, wenngleich ihre Bemühungen nicht immer perfekt waren, der Bereitschaft, mir selbst und anderen zu vergeben und zu erkennen, dass ich mein Schicksal selbst in der Hand habe." Nachdem der Enkel eine Weile über die Worte seines Großvaters nachgedacht hatte, fragte er: "Sag mir, Großvater, welcher der beiden Wölfe wird nun gewinnen?" Und der alte Mann antwortete: "Der Wolf, den ich zu füttern beschließe."

(Aus dem Buch „Die 5 Geheimnisse, die Sie entdecken sollten, bevor Sie sterben" von John Izzo.)

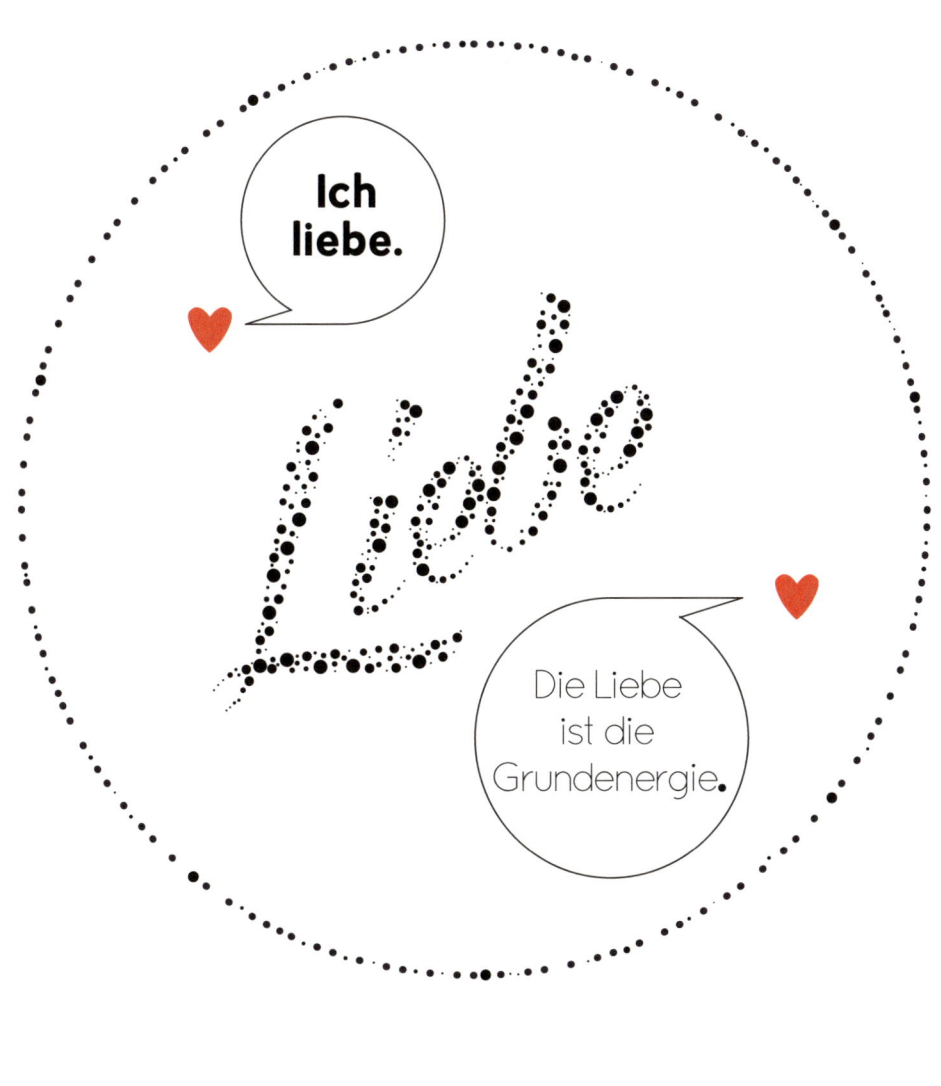

1 Meine Geschichte: selbst erfahren

Ein Gefühl für diese Grundenergie bekam ich erst kürzlich nach langer Suche. Ich spürte diese Liebe bei Amma, als die Inderin in Berlin Menschen umarmte. Im Berliner Velodrom herrschte eine spürbar angenehme Schwingung von Licht und Liebe. Ich konnte dort sitzen und meditieren und fühlte mich sofort im Einklang mit Allem und in einer tiefen Liebe und Annahme von Allem was ist. Hätte mir dort jemand gesagt, ich solle noch weitere 3 Tage hier in Meditation sitzen, es wäre für mich in Ordnung gewesen (dies ist wirklich, wirklich untypisch für mich als eher ungeduldige Person). Amma umarmt Menschen und fließt in bedingungsloser Liebe. Sie ist tatsächlich wie ein Fluss, in dem Liebe fließt, ständig und immer da.

2 Denken und Fühlen: Darum geht´s

Es geht keineswegs darum, zwischen Kopf und Herz entscheiden zu müssen. Wir haben beides und beides macht auch Sinn zu verwenden (follow your heart, aber nimm dein Gehirn mit).
Liebe ist die Grundenergie. Ähnlich einer Radiofrequenz bzw. einer bestimmten Schwingung oder Wellenlänge werden Informationen übertragen. Dabei sind die Gedanken (Kopf) die Information und die Liebe (Herz) ist die Frequenz. Genau wie bei einem Radio sind auf verschiedenen Frequenzen verschiedene Informationen zu hören. Mal sehr schöne, sanfte Musik, mal nur Rauschen, mal sehr laute, harte Töne. Auf welcher Frequenz ich höre bzw. sende, beeinflusst die Art der Information.
Sende ich meine Vision auf der Grundschwingung Angst und Zweifel in die Welt, wird auch dies gehört, von genau den Menschen, die den "Angst und Zweifel"-Sender empfangen. Die gleiche Vision auf Liebe-Frequenz gesendet, führt zu einer ganz anderen Zuhörerschaft und somit völlig anderen Rückmeldungen.
Dieser Schritt ist nach der Visionsfindung ein absolut entscheidender: Finde und halte die Grundenergie der Liebe. Verbinde dich mit deinem Herzen und liebe, was du tust. Sprich aus der Liebe, handle aus der Liebe, empfange aus der Liebe, höre zu aus der Liebe. Frage dich: Was würde die Liebe jetzt tun, sagen, verstehen...?
Beginne dabei tief in dir selbst. Selbstliebe und Selbstmitgefühl sind dabei die Schlüsselworte. Jetzt geht es an die Umsetzung: Wie lerne ich, mich selbst zu lieben? Wie lebe ich aus dem Herzen? Wie kann ich mich in Liebe mit anderen Menschen verbinden?

Also, worum geht es:

3. Schritt: Deinen Sender und Empfänger auf die Grundfrequenz Liebe einstellen.

Ich verbinde mich mit meinem Herzen und der Liebe. Ich blicke auf mich selbst, meine Vision und auf andere in einer liebevollen Grundenergie.
Wichtig: Auch wenn Ängste, Zweifel, Ärger usw. auftauchen,

konzentriere dich weiter auf die Liebe, verankere dich in deinem Herzen.
Es darf so sein. Ich darf so sein. Ja.

Warum? Weil eine Vision, die nicht mit Liebe und Begeisterung in die Welt gebracht wird, kraftlos ist und sich somit nicht verwirklichen lässt.

Hier noch ein Bild, welches diesen dritten Schritt verinnerlicht:
Stell dir Folgendes vor:
Du sitzt in einem Auto, hast eine perfekte Landkarte und weißt genau, wohin du fahren möchtest. Du willst losfahren, aber das Auto fährt entweder erst gar nicht los oder es kommt nach kurzer Zeit wieder zum Stillstand. Warum? Der Tank ist leer. Was nun? Volltanken? Womit? Egal? Ganz und gar nicht. Du tankst genau das, was für dieses Auto passend ist (meist Benzin oder Diesel). Genau so ist es mit deinem Leben: Dein passender Treibstoff ist die Liebe.

Ich liebe.

3 Handeln: praktische, umsetzbare Übungen

I - Selbstliebe und Selbstmitgefühl

Stell dir vor, du hättest ab sofort ein kleines, ca. 5jähriges Kind direkt neben dir. Es sieht aus wie du in diesem Alter. Stell dir vor, dieses Kind ist nun für eine gewisse Zeit an deiner Seite und bekommt alles mit, wie du mit dir selbst umgehst, weil es ein Teil von dir ist. Übe nun, mit diesem Teil von dir liebevoll und mitfühlend umzugehen, genauso wie du es mit anderen Menschen wahrscheinlich meistens praktizierst, nur mit dir selbst nicht. Sei friedlich mit dir, großzügig, nachsichtig, liebevoll. Bevor dir dies gelingt bemerkst du vielleicht durch diese Übung zuerst, wie hart und gnadenlos du häufig mit deinem inneren Kind umgehst. Solltest du Ähnliches bemerken, sei auch da nachsichtig mit dir.

II - Was würde die Liebe jetzt tun?

Frage dich mehrmals täglich, in welcher Grundenergie du gerade sendest und empfängst. Ist das Ärger, Freude, Trauer, Angst, Liebe...? Übernimm die Verantwortung für deine Frequenz. Dann versuche step by step wie bei einem Radio den Sender "Liebe" möglichst rauschfrei einzustellen. Erinnere dich an eine Situation, in der du voller Liebe warst. Ändere deine Frequenz, indem du dich fragst: Was würde die Liebe jetzt verstehen, sagen, tun?

III- Liebe leben

Richte Deine Wahrnehmung auf "Liebe" aus. Wo senden Menschen gerade auf dieser Frequenz? Wo ist ein Umfeld voller Liebe? Geh auf die Suche.
Bist du in der Grundenergie Liebe, dann strahle dies aus und verbinde dich mit Menschen in der gleichen Energie. Gemeinsam ist es leichter, diese Schwingung zu halten. Alle anderen Frequenzen existieren natürlich trotzdem, nur ist es deine Entscheidung, welchen Sender du empfängst und was du in die Welt sendest.
Lebe die Liebe als Grundenergie.

4 Fragen klären: Fragen und Antworten

Ich mag mich oft gar nicht. Wie gehe ich damit um?

Ein erster Schritt ist es, dies zu bemerken und anzuerkennen. Als Kind gab es eine Zeit, da war es für dich selbstverständlich, dich zu mögen. Du hast irgendwann erlernt, dass du möglicherweise nicht okay so bist, wie du bist. Du hast dieses Verhalten übernommen, weil du es nicht besser wusstest. Schau nun, dass du wieder Mitgefühl für dich selbst entwickelst und nachsichtiger mit dir wirst. Mit anderen gelingt dir das sicherlich, wende das Gleiche nun auch für dich selbst an.

Geht es darum, immer auf mein Herz zu hören? Wie geht das genau?

Es geht darum, Herz und Verstand in Einklang zu bringen und beide "ihren Job" machen zu lassen. Kein Entweder-oder, sondern ein Sowohl als auch ist hier hilfreich. Höre deinem Verstand zu und nimm dein Gefühl genauso wichtig. Passt beides nicht zusammen, dann sagt dies etwas über eine Unstimmigkeit in dir aus, die dir nicht nur in der aktuellen Situation zu schaffen machen wird.

Mein Kopf sagt häufig etwas anderes als mein Herz. Was tun?

Meist hat der Verstand lange ohne das Gefühl das Leben gesteuert. Das ist wie Fahren ohne Navigation. Aber auch das Navi sollte nicht selbst am Steuer sitzen. DU bist es, der steuert. Kopf und Herz unterstützen dich dabei und es ist deine Aufgabe, sie zu synchronisieren.

Woran erkenne ich, dass es Liebe ist?

Du fühlst dich im Fluss, ein völlig anstrengungsloses Fließen. Du bist mit der Welt verbunden. Frequenzen von Angst sind nicht mehr möglich. Liebe ist der Gegenpol zur Angst. Du bist erfüllt und weißt, dass es nichts Größeres mehr gibt. Du findest keine Worte für dieses Gefühl. Du stellst dir nicht die Frage, ob es Liebe ist.

Was genau ist bedingungslose Liebe?

Liebe. Einfach Liebe. Liebe ist bedingungslos. Liebe ist ein Überfließen aus Erfüllung. Bedingungen entstehen aus einem Mangelbewusstsein.

Wenn ich mein Herz öffne, bin ich verletzlich. Stimmt das?

Wenn es dunkel ist, betätige ich den Lichtschalter und es wird hell. Es gibt jedoch keinen "Dunkelschalter", damit es dunkel wird. Es wird erst dunkel, wenn wir das Licht ausmachen. Manchmal gelingt es einfach nicht, in der Schwingung der Liebe zu bleiben und das Herz offen zu halten. Unser Licht geht aus und wir fühlen uns verletzlich. Dies liegt aber nicht an der vorherigen Öffnung, sondern an der Veränderung unserer Schwingung.

Wie kann ich anderen Menschen vertrauen?

Du kannst nur dir selbst vertrauen lernen. Hast du dies gelernt und kannst im Vertrauen zu dir selbst auch bleiben, ist es für dich nicht mehr von Bedeutung, anderen zu vertrauen. Du brauchst nicht mehr die Illusion von Sicherheit im Außen, dass du andere Menschen und Situationen vorhersehen und damit kontrollieren kannst. Kontrolle ist eine Illusion.

Wie gehe ich mit Betrug und Lügen um?

Bist du fest in dir verankert und glaubst an dich, dann glaubst du auch, mit sämtlichen Situationen adäquat umgehen zu können. Du traust dir selbst. Bestimmte Situationen werden dir gar nicht mehr begegnen, anderen wirst du deine Energie komplett abziehen. Wenn nötig, wirst du die für dich passenden Konsequenzen ziehen. Vertrau zuerst jedoch dir selbst.

Ist Angst das Gegenteil von Liebe?

Liebe und Angst bilden zwei Pole. Fokussiere ich auf die Angst, kann ich keine Liebe spüren. Fokussiere ich auf die Liebe, spüre ich keine Angst. Diese beiden Frequenzen schließen einander aus. Die Liebe ist somit das Gegenmittel zur Angst.

Wie kann ich die Liebe in mein Leben holen und mich mit anderen Menschen verbinden?

Das Wichtigste ist: Hab es wirklich vor. Entscheide dich bewusst für die Liebe. Hab wirklich die Absicht, dich mit anderen Menschen verbinden zu wollen. Kannst du dies nicht spüren, akzeptiere es und schau nach, was dich daran noch hindert. Oft sind es noch nicht verheilte Wunden, die Angst vor Ablehnung und Zurückweisung bewirken, oder die fehlende Liebe und das fehlende Mitgefühl zu dir selbst. Nimm auch das liebevoll an.

5 Verankern: sinnbildhafte Geschichte

Es war einmal eine alte chinesische Frau, die zwei große Schüsseln hatte, die von den Enden einer Stange hingen, die sie über ihren Schultern trug. Eine der Schüsseln hatte einen Sprung, während die andere makellos war und stets eine volle Portion Wasser fasste. Am Ende der langen Wanderung vom Fluss zum Haus der alten Frau war die andere Schüssel jedoch immer nur noch halb voll. Zwei Jahre lang geschah dies täglich: Die alte Frau brachte immer nur anderthalb Schüsseln Wasser mit nach Hause. Die makellose Schüssel war natürlich sehr stolz auf ihre Leistung, aber die arme Schüssel mit dem Sprung schämte sich wegen ihres Makels und war betrübt, dass sie nur die Hälfte dessen verrichten konnte, wofür sie gemacht worden war. Nach zwei Jahren, die ihr wie ein endloses Versagen vorkamen, sprach die Schüssel zu der alten Frau: „Ich schäme mich so wegen meines Sprungs, aus dem den ganzen Weg zu deinem Haus immer Wasser läuft." Die alte Frau lächelte. „Ist dir aufgefallen, dass auf deiner Seite des Weges Blumen blühen, aber auf der Seite der anderen Schüssel nicht?" „Ich habe auf deiner Seite des Pfades Blumensamen gesät, weil ich mir deines Fehlers bewusst war. Nun gießt du sie jeden Tag, wenn wir nach Hause laufen. Zwei Jahre lang konnte ich diese wunderschönen Blumen pflücken und den Tisch damit schmücken. Wenn du nicht genauso wärst, wie du bist, würde diese Schönheit nicht existieren und unser Haus beehren."

(Autor unbekannt)

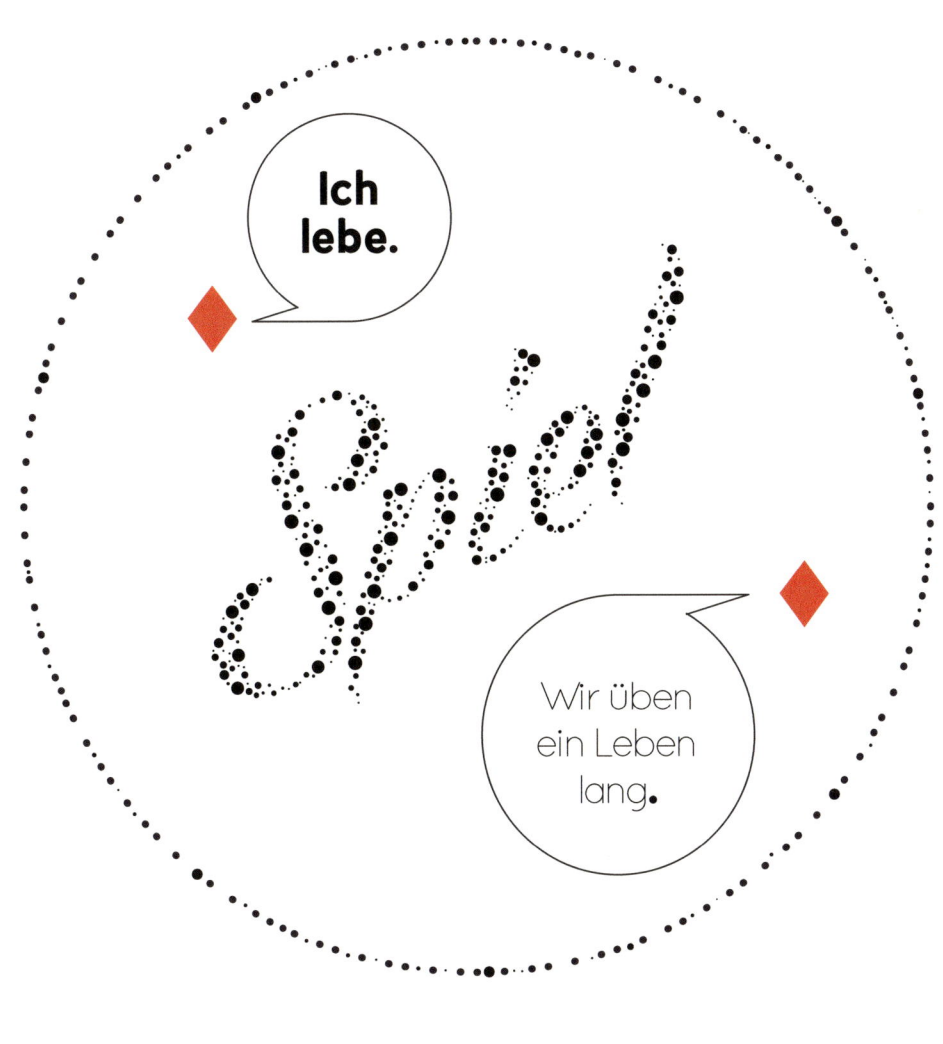

1 Meine Geschichte: selbst erfahren

Als ich begann, meiner Vision zu glauben und meinem eigenen Weg zu folgen, ließ ich viele Dinge hinter mir, die nun nicht mehr zu passen schienen. Ich gab eine Arbeit auf, die mir seit über 8 Jahren meine Existenz sicherte, und auch mein Freundeskreis wandelte sich. Ich folgte zuerst einem Traum aus meiner Kindheit: freilebenden Delfinen im offenen Meer zu begegnen. Dies führte mich an verschiedene Plätze auf der ganzen Welt und brachte mich mit Menschen zusammen, die mir sehr ähnlich waren. Es war ein wenig wie nach Hause kommen. Die Begegnungen mit den Delfinen waren schier unglaublich und brachten mich an einen Ort in mir, nach dem ich mein Leben lang suchte. Ich fühlte ein so tiefes Berührtsein, eine tiefe Demut und Dankbarkeit. Was ich an den Delfinen sah und was mir zu dieser Zeit fehlte war: Verspieltheit und Leichtigkeit. Zu fühlen, dass ich diese Qualitäten bei allem Erwachsenwerden unterdrückt hatte, löste zuerst Traurigkeit aus. Nun aber verband ich mich über die Delfine mit neuer Lebensfreude und Leichtigkeit, ich durfte wieder beginnen zu spielen.

2 Denken und Fühlen: Darum geht´s

Es ist gar nicht möglich Fehler zu machen. Wir lernen bereits das Laufen über eine einfache Formel: Versuch und Irrtum. So lernen wir als Kleinkind den aufrechten Gang, nachdem wir uns auf beiden Beinen halten können: Wir verlagern unseren Körperschwerpunkt nach vorn, dorthin wohin wir gern gehen möchten und dann gibt es folgende Möglichkeiten: Um ein Nachvornfallen zu verhindern, laufen die Beinchen hinterher und wir finden Balance an einem neuen Ort oder die Beinchen laufen zu weit oder zu wenig, dann fallen wir vorn oder hinten über. Versuch und Irrtum. So lange, bis wir schließlich laufen können, ohne vorn oder hinten über zu fallen. Wir verwenden wenig Zeit mit Ärgern und Zweifeln, sondern üben einfach spielerisch weiter. Dieser Prozess ist natürlich und bleibt uns ein Leben lang erhalten, solange wir uns unsere spielerische Leichtigkeit bewahren und keine Angst vor "Fehlern" haben. Durch Fehler lernen wir lediglich eine neue Möglichkeit kennen, wie es nicht geht. Dieses Lernen ermöglicht überhaupt erst, erfolgreich zu sein. Versuch-Irrtum, erneuter Versuch-Irrtum... usw. ... Erfolg! Dabei ist es völlig egal, wie viele Runden du in diesem Versuch-Irrtum-Karussell drehst, achte nur darauf, dass du nicht immer wieder die gleichen "Fehler" machst. Und vergiss nie: Anderen geht´s genauso.

Oft wird Erwachsenwerden verwechselt mit: "Jetzt beginnt der Ernst des Lebens", "spaßfreie Zone", "sei nicht so kindisch". Wir drehen uns so eine der wichtigsten Energiequellen ab: Freude und Begeisterung. Haben wir Angst vor Fehlern, spüren wir nicht unsere Liebe am Tun. Übernimm die Verantwortung für deine Grundenergie (s. 3. Schritt). Erlaube dir, wieder zu spielen, zu üben, Fehler zu machen, zeig dich. Verbinde dich dabei mit anderen. Lass das Kind in dir mit dabei sein. Es ist die Quelle deiner Inspiration, Spontanität und Lebensfreude. Warte nicht auf den Moment, wo du keine "Fehler" mehr machst. Wir alle üben ein Leben lang.

Also, worum geht es:

4. Schritt: Wir üben ein Leben lang. Bewahre Dir Deine Freude und Leichtigkeit beim Tun.

Ich verbinde mich wieder mit dem Kind in mir und erlaube mir, "Fehler" zu machen. Ich lerne in Leichtigkeit über Versuch und Irrtum und freue mich an meinen Erfolgen. Ich mache dieselben Irrtümer möglichst nur einmal und gewahre mir meine Freude und Begeisterung am Ausprobieren.
Es darf so sein. Ich darf so sein. Ja.

Warum? Weil ich hier in diesem Leben bin, um verschiedene neue Erfahrungen zu machen. Es geht darum, mich auszuprobieren. Anders ist Wachstum und Entwicklung nicht möglich.

Hier noch ein Beispiel, welches diesen vierten Schritt verinnerlicht:
Viele unglaublich nützliche Erfindungen auf unserer Welt waren "Zufälle". Jemand hatte eine Vision ohne klare Vorstellung, wie dies umzusetzen wäre. Nun begann das Spielen: Versuch-Irrtum, Versuch-Irrtum… usw. Irgendwann gab es einen Erfolg, manchmal völlig anders als erwartet.
Lass also dem Leben immer genug Raum für Überraschungen. Bleib in einer spielerischen Lebendigkeit.

Ich lebe.

3 Handeln: praktische, umsetzbare Übungen

I - Dinge mal anders machen

Um deine Kreativität und Spontanität ein wenig zu stärken, gewöhne dir an, jeden Tag etwas auf eine bisher ungewohnte Art zu erledigen. Brich aus alten Gewohnheiten aus und finde heraus, wie es anders auch möglich wäre. Mach täglich etwas Neues, Ungewohntes, probiere dich aus, erfinde dich neu.

II - Das Kind in mir

Verbinde dich mit dem Kind in dir und frage dich, wie zufrieden diese jüngere Ausgabe heute mit dir wäre. Finde Momente, in denen das Kind in dir wirklich freudvoll und begeistert spielen darf. Es liegt in deiner Verantwortung, diesem lebendigen Teil in dir auch Raum in deinem vielleicht sonst sehr ernst-erwachsenen Leben zu geben. Wann hast du das letzte Mal geschaukelt? Wann einfach irgendeinen kleinen Blödsinn gemacht? Wann aus ganzem Herzen gelacht?

III - Fehler sind erlaubt und erwünscht

Gehörst du zu den Menschen, die so lange intensiv versucht haben, keine Fehler zu machen? Dann mach wieder welche! Lerne, dass du es überlebst und du nur so ein lebendiges, volles Leben führen kannst. Erlaube dir wieder, Fehler zu machen. Fehler sind nur neue Erfahrungen und eröffnen neue Lösungsmöglichkeiten. Trau dich zu leben. Wir sind alle hier um neue Erfahrungen zu machen. Wir üben alle ein Leben lang.

4 Fragen klären: Fragen und Antworten

Wie finde ich mehr Leichtigkeit?

Finde den Ort in dir, der dir sämtliche Leichtigkeit und Lebensfreude blockiert. Oft sind dies alte Glaubenssätze. Wo verbietest du dir, in dieser oder jener Situation in Leichtigkeit sein zu können. Übe dich, mit deinem ganzen Bewusstsein im Hier und Jetzt zu verweilen. Kannst du diesen Moment in Leichtigkeit annehmen? Lass dich dabei nicht von deinen Gedanken in Vergangenheit und Zukunft ziehen, bleibe in diesem jetzigen Moment und erlaube dir, einfach da zu sein, mit allem was jetzt gerade ist. Leichtigkeit ist nichts, was du zukünftig erreichen kannst, du kannst sie nur im jetzigen Moment erfahren.

Wer oder was ist das innere Kind?

Um dies erfahrbar zu machen, hilft vielleicht folgendes Bild: Während wir uns ent-wickeln, legen wir immer mehr Fähigkeiten frei und gewinnen neue Erfahrungen. Es kommt immer eine neue Schicht hinzu (ähnlich wie bei diesen russischen Puppen, wo viele kleinere in einer größeren stecken). Innen sind wir jedoch nicht hohl. Wir können uns immer noch mit jüngeren Ausgaben von uns selbst verbinden. In uns ist immer noch das kleine Kind, das spielen will, spontan und unbefangen die Welt erkundet, nun jedoch an der Hand einer größeren Ausgabe von uns. Bestenfalls sind alle Ausgaben von uns verbunden und bestenfalls steuert unser höchstes Potential (größte Schale, älteste, fühlbare Ausgabe von uns) in Verbundenheit und liebevoller Wahrnehmung der jüngeren Ausgaben. Manchmal wurde jedoch unser "inneres Kind" verbannt und ist, seit der Ernst des Erwachsenwerdens begann, von uns abgespalten. Somit haben wir kaum Zugang zu Spontanität und Leichtigkeit. Dann gilt es, wieder eine liebevolle, neue Verbindung herzustellen.

Wie gehe ich mit Scham um?

Annehmen, annehmen und annehmen. Auch wenn es dir nicht leicht fällt, mit hochrotem Kopf liebevoll zu deinem

Schamgefühl zu stehen. Es ist eine absolute Befreiung und lohnt sich.

Ich habe Angst, Fehler zu machen. Was kann ich tun?

Mach welche. Ein typischer Therapeutenspruch lautet: Da wo die Angst ist, geht`s lang.
Schau dich mal um, wo du Menschen begegnest, die "Fehler" machen. Was denkst du? Bist du nachsichtig, liebevoll und großzügig mit ihnen? Wie gehst du mit dir um, wenn du Fehler machst? Was hast du bisher für Erfahrungen damit, wie wurde mit dir umgegangen, wenn du dich geirrt hast? Sobald du dies erforscht hast, entscheide dich nun, liebevoller und großzügiger mit dir selbst und deinem inneren Kind umzugehen. Verbinde dich mit der Liebe. Du bist liebenswert, du lebst und übst ein Leben lang.

Wie finde ich Menschen, die zu mir passen?

Zuerst werde sichtbar als der Mensch, der du wirklich bist. Trau dich, du selbst zu sein. Du wirst dich wundern, wie sich dein Leben plötzlich von allein zu sortieren beginnt. Es kann sein, dass sich Menschen von dir verabschieden bzw. du keinen Kontakt mehr halten kannst. Jedoch werden auch neue Menschen auftauchen, die dann wirklich passen. Vertraue dem Leben und sei einfach du selbst.

Wie kann ich spielen und trotzdem meinen Verpflichtungen nachkommen?

Deine sogenannten Verpflichtungen sind die Dinge, die du für wichtig und erledigenswert hältst. Spielen ist die Art und Weise, in der du Dinge erledigst. Somit schließt sich beides nicht aus. Du könntest spielerisch und in Leichtigkeit deinen Verpflichtungen nachkommen. Nur ist das meist recht schwierig, da Kopf und Herz hier nicht synchron sind. Entscheide dich klar für das, was du tun möchtest und dann tue es mit einem klaren Ja oder entscheide dich, es nicht zu tun. Etwas zu tun, aber sich dagegen zu entscheiden und es dann mit innerlichem Widerstand zu tun, ist energieraubend und kann sogar dein ganzes Körper-Geist-Seele-System krank machen. Diese innere Zerrissenheit führt zu Reibung und macht eine Freude am Tun unmöglich.

Wie finde ich heraus, was mich wirklich begeistert?

Höre auf dein Herz, dann fühlst du es deutlich. Erlaube dir jedoch davor, dass dich etwas auch wirklich begeistern darf. Oft werten wir Dinge, die uns "nur Spaß machen", ab und fokussieren eher auf die angeblich wertvollere "harte Arbeit". Kommen Kompetenz und Begeisterung zusammen, sind wir wahre Meister in unserem Tun. Also fokussiere dich auf Dinge, bei denen dein Herz mit dabei ist, Dinge, für die du brennst. Probiere dich aus, dann wird es dir begegnen.

Wie gehe ich mit Antriebslosigkeit um?

Schau in dir nach, an welcher Stelle dein Leben nicht frei fließen kann. Wo bist du im Widerstand mit dem was jetzt gerade ist? Was denkst du? Was fühlst du? Wie fühlt sich dein Körper an? Beginne, diese 3 Bereiche wieder genau wahrzunehmen (Körper, Gedanken, Gefühle). Wo fühle ich die Antriebslosigkeit in meinem Körper (Schwere im Brustbereich, Kloß im Hals...)? Wie sind meine Gefühle dazu (traurig, ärgerlich, leer...)? Was denke ich (ich sollte mich mal zusammenreißen..., ich bin ein Versager..., ich will das nicht mehr...)? Nach dieser "Diagnose" geht es nun darum, alle 3 Bereiche wieder zu synchronisieren, so dass nicht ein Bereich gegen einen anderen arbeitet (z. B.: Ich denke, meine Gefühle sollten anders sein).

Ich halte nicht durch, was ich mir vornehme. Wie kann ich das ändern?

Meist hat dann der Verstand etwas entschieden und die Gefühlsebene nicht mitgenommen. Es ist nahezu unmöglich, mit Disziplin z. B. gegen Grundbedürfnisse anzugehen. Schau zuerst, ob dein Vorhaben eine fühlbare Vision ist. Kannst du dir bildhaft vorstellen, was du gern umsetzen möchtest? Kannst du auch fühlen, wie du dich dann fühlst? Diese 5 Schritte beschreiben genau diesen Prozess. Nicht alles ist mit Durchhalten erreichbar.

Mein Umfeld ist schwierig und zieht mich runter. Wie gelange ich zu mehr Freude?

Verlagere deinen Fokus mehr von außen nach innen. Schau in dir, in welcher Schwingung du gerade bist und ändere sie wenn nötig. Dann schau von dort noch mal nach außen. Oft ändert sich dann dein Umfeld auf fast magische Weise. Ist dies nicht der Fall, begib dich in ein für dich stimmigeres Umfeld. Es ist deine eigene Verantwortung. Solange du diese Verantwortung ans Außen abgibst, hast du keine Möglichkeit, etwas daran zu ändern.

5 Verankern: sinnbildhafte Geschichte

„Neulich habe ich eine hübsche kleine Geschichte gehört", sagt Morrie. Er schließt für einen Moment die Augen und ich warte. „Okay, in der Geschichte geht es um eine kleine Welle, die auf der Oberfläche des Ozeans entlanghüpft und unglaublich viel Spaß hat. Sie genießt den Wind und die frische Luft, bis sie bemerkt, dass vor ihr noch andere Wellen sind, die alle an der Küste zerschellen."
„Mein Gott, das ist ja schrecklich", sagt die Welle. "Wenn ich mir vorstelle, was mit mir passieren wird!" Da kommt eine andere Welle vorbei. Sie sieht die erste Welle, die grimmig dreinschaut, und fragt: „Warum siehst du so traurig aus?" Die erste Welle sagt: "Du verstehst überhaupt nicht, was los ist! Wir werden allesamt an der Küste zerschellen! Wir, alle Wellen, werden nichts sein! Ist das nicht schrecklich?" Die zweite Welle sagt: „Nein, du verstehst nicht. Du bist nicht eine Welle, du bist ein Teil des Ozeans." Ich lächle. Morrie schließt wieder die Augen. „Ein Teil des Ozeans", sagt er, „ein Teil des Ozeans."

(Auszug aus dem Buch "Dienstags bei Morrie" von Mitch Albom)

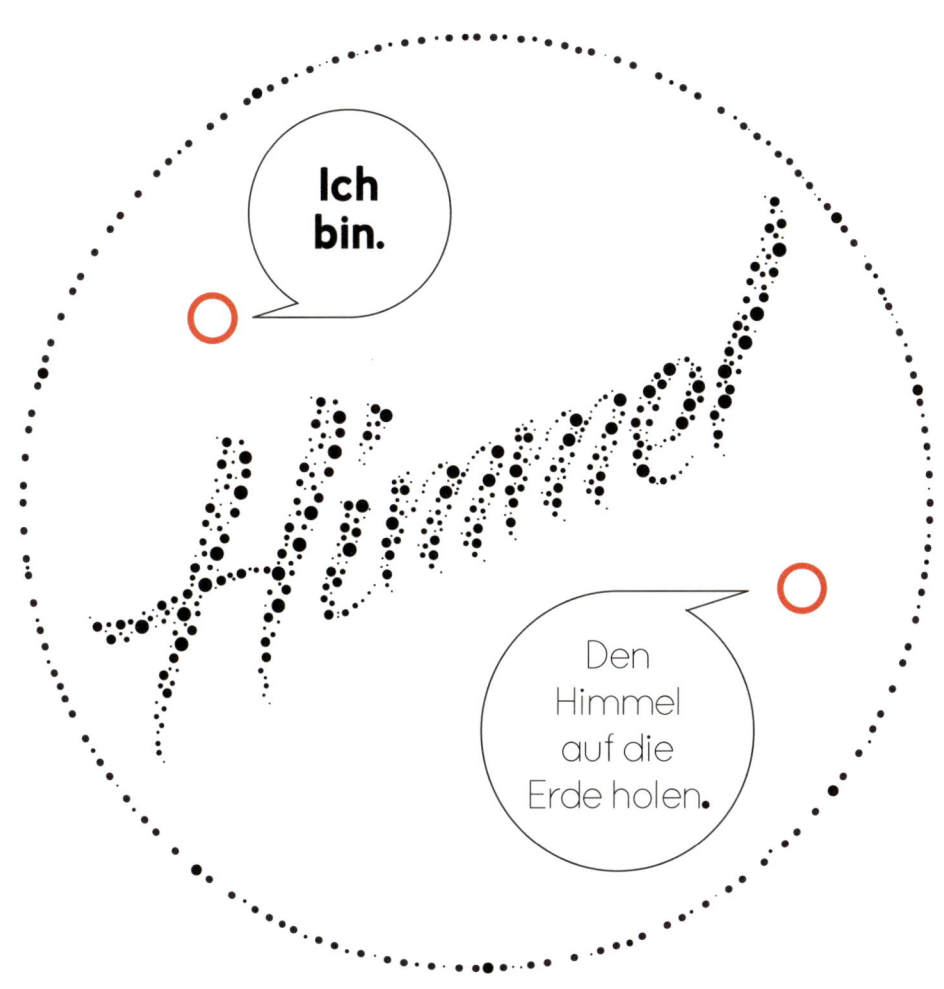

1 Meine Geschichte: selbst erfahren

Ich dachte immer, wenn ich nur mit meiner Familiengeschichte aufgeräumt habe und alles verarbeitet habe, dann... bin ich frei, beginnt mein Leben, wird alles leichter. Dieses "Wenn-dann-denken" kann ich nun ablegen. Es geht immer weiter, ähnlich einer Spirale. Ich komme immer mal wieder am gleichen Punkt vorbei, nur auf einer anderen Etage. Vielleicht ist es noch mein Thema, wenn ich über 80 bin... vielleicht denke ich noch auf dem Sterbebett: Durfte ich wirklich hier sein? Na und?!

2 Denken und Fühlen: Darum geht´s

Im fünften Schritt braucht es nun deine ganze Vorstellungskraft:
Stell dir eine Spirale vor, welche Erde und Himmel verbindet. Deine Lebensthemen verlaufen wie senkrechte Stränge zwischen Erde und Himmel. Sie kreuzen die Spirale immer wieder auf sämtlichen Ebenen. Manche Stränge enden nach kurzer Zeit, manche ziehen sich kraftvoll durch die gesamte Spirale. Diese Stränge sind Qualitäten. Wir nennen sie dann je nach Art: Probleme, Kompetenzen, Hindernisse, Begabungen, Aufgaben, Schwierigkeiten....
Erst diese Trennung von Himmel und Erde ermöglicht diese Spirale mit ihren Strängen. Verbinden sich Himmel und Erde, also holen wir den Himmel auf die Erde, was bleibt? Ein ganz harmonischer Kreis in welchem alle Lebensthemen integriert sind, im wahrsten Sinne des Wortes "auf den Punkt gebracht". Was wird aus den Strängen, unseren uns so sehr beschäftigenden Lebensthemen? Punkte, die einen Kreis bilden. Den Kreis des Lebens. Erfahrbar werden diese Themen jedoch erst durch die Trennung von Himmel und Erde. Doch je mehr wir diese Verbindung spüren, desto eher können wir uns dem Fluss des Lebens hingeben und vertrauen und damit aufhören, uns getrennt zu erleben.

Also, worum geht es:

5. Schritt: Die Verbindung zwischen Himmel und Erde spüren.

Ich verbinde mich tief mit der Erde und öffne mich zum Höheren. In dieser Verbundenheit lasse ich das Leben durch mich hindurch fließen und nehme das Leben so, wie es jetzt gerade ist, an. Ich lasse alle Gedanken und Gefühle da sein. Wichtig: Dieser Schritt ist nicht das Ende, er ist ein neuer Anfang.
Es darf so sein. Ich darf so sein. Ja.

Warum? Weil Leben in ständiger Veränderung ist und es dabei nicht darum geht, einen stabilen SOLL-Zustand zu erreichen. Dieser nun erreichte SOLL-Zustand ist der neue IST-Zustand für die nächste Runde auf der Spirale.

Willkommen bei Schritt 1.

Hier noch ein abschließendes Bild:
Stell dir dazu Folgendes vor:

Du wirst geboren. Aus einer Verbindung mit allem was ist wirst du etwas, was du später "ICH" nennen wirst. Somit gibt es fortan etwas, was DU bist, und die Welt um dich herum. Du fühlst dich getrennt und bist in einem andauernden Wechselspiel zwischen der Suche nach Verbundenheit und dem Drang nach Freiheit (Neugier, Neues entdecken). Erst dieses Getrenntsein macht deine Erfahrungen im Leben möglich. Am Ende deines Weges kehrst du wieder heim, die Trennung wird aufgehoben, das was du bisher "ICH" nanntest verschmilzt wieder mit dem Großen Ganzen. Je mehr du zu Lebzeiten die Verbindung zu Himmel und Erde gespürt hast und dich über dein "ICH" hin ausgedehnt hast, desto leichter geht auch das Loslassen. ("Lerne wie man stirbt, und du wirst lernen, wie man lebt.")

Ich bin.

3 Handeln: praktische, umsetzbare Übungen

I - Meditiere mitten im Leben

Versuche, in deinem Alltag in der Verbindung mit Erde und Himmel zu bleiben. Egal was du gerade tust, wie du dich fühlst oder was du gerade denkst. Für die Verbindung zum Leben gibt es keine Idealbedingungen. Worauf wartest du also? Erschaffe einen Raum der Stille mitten in dir, der jederzeit mit allem verbunden ist. Übe es gerade in stressigen Situationen, einen Teil deines Bewusstseins in diesem Raum zu halten.

II - radikale Selbstannahme

Sicherlich weißt du längst, dass du im Leben nicht alles kontrollieren kannst und doch hältst du daran fest. Verbinde dich mit dem Leben (Himmel und Erde) und nimm dich wahr als Wanderer auf der Spirale deines Lebens. Auch wenn du nicht alles überblicken kannst, nimm den Ort an, an dem du jetzt gerade bist. Wie geht es dir mit folgendem Gedanken: Ich weiß zwar nicht, wozu es gut ist, aber es ist das was jetzt gerade ist und ich nehme es an. Wer auch immer ich jetzt gerade bin, ich nehme mich so an, wie ich jetzt gerade bin.

III - Verbundenheit und Freiheit

Reflektiere darüber, ob beide Qualitäten (Verbundenheit und Freiheit) in deinem Leben in Harmonie sind. Meist fokussieren wir auf eine Qualität leichter und vernachlässigen die andere. Schau, dass du beide Energieformen zulässt.
Verbundenheit: Ich bin ein Teil vom Großen Ganzen. Ich verbinde mich in Liebe mit anderen Menschen. Es fällt mir leicht, Nähe und Beziehungen zuzulassen.
Freiheit: Ich bin hier, um neue Erfahrungen zu machen. Ich bin neugierig und wage mich auch außerhalb meiner Komfortzone. Ich kann mit neuen Herausforderungen umgehen.

4 Fragen klären: Fragen und Antworten

Wie wird es sein, wenn die neue Vision Realität ist?

Wie davor, nur auf einer anderen Ebene. Das Leben ist in ständiger Veränderung und es geht nicht darum, als "ICH" irgendwo anzukommen. Ist eine neue Vision Realität geworden, fühlt sich dies für eine gewisse Zeit wie "fertig, angekommen, geschafft" an. Dann taucht eine neue Vision auf. Das Rad des Lebens steht niemals still. Leben ist ständige Bewegung. Stille gibt es nur ganz in der Mitte. Wie bei einem Tornado, in der Mitte ist es still. Ist dir die Bewegung zu viel, hilft es, in deine Mitte zu gehen. Fühle in dein Herz, atme.

Wenn wir alle verbunden sind, wo ist die Freiheit?

Neugeborene erkunden erst neugierig die Welt, wenn sie in einer sogenannten "sicheren Bindung" sind. Erst wenn wir uns verbunden fühlen, können wir wirklich frei sein. Das Vermeiden von Beziehungen ist keine Freiheit.

Ist das Leben vorherbestimmt?

Wer sollte dies tun? Du selbst vorher auf einer Wolke? Ein Gott, der getrennt von dir dein Leben plant? Ein Programm des Schicksals?
Erinnere dich an das Bild von der Spirale. Dein Weg beginnt, durchläuft diese Spirale und endet wieder. Wir alle sind auf diesem Weg, doch fühlen sich unsere Leben so unterschiedlich an. Niemand erlebt die Welt wie ein anderer. Jeder erschafft sich sein eigenes Universum. Wie du in die Welt blickst, hängt von vielen Faktoren ab (Erziehung, Erfahrungen, Gedankenmuster...). Du kannst ein Leben leben, welches sich wie vorherbestimmt anfühlt, oder du lebst dein Leben als Gestalter und fühlst dich selbst als Schöpfer. Der Blickwinkel ist einzig und allein dein freier Wille.

Was passiert mit der Welt, wenn viele Menschen diese 5 Schritte bewusst gehen?

Wenn wir aufhören, in Widerstand mit dem was ist zu gehen, setzen wir eine große Menge bisher in Reibung investierter Energie frei. Folgen wir unseren Visionen, befinden wir uns ganz automatisch auf unserer Spur. Wieder eine enorme Energieersparnis. Liebe statt Angst ist eine weitere riesige Energiequelle. Spielen und angstfreies Ausprobieren führen zu einer schnelleren Entwicklung. Wir erleben so eine Neue Welt, ein Neues Miteinander - energiereicher, licht- und liebevoller.

Gibt es im Neuen Miteinander Geld?

Geld ist auch nur eine Energieform. In der heutigen Zeit zeigen sich an Geld nur die Probleme, die wir im Umgang mit Energie sowieso haben. Wir investieren unsere Energie in Kampf, Widerstand, Ängste.... Dies ist natürlich auch im Finanzwesen sichtbar. Im Neuen Miteinander ist der Umgang mit Energie achtsamer. Ob es dann eine Energieform von Geld benötigt oder nicht..., wir werden sehen. ...

Wie leben wir Partnerschaft und Ehe im Neuen Miteinander?

Die Grundenergie ist die Liebe. Beziehungen haben als Fundament die Liebe und Fülle. Bisher gibt es viele Beziehungen, deren Basis Mangel und Bedürftigkeit sind, dies macht viele Symptome und führt zur Trennung. Im Neuen Miteinander verbinden sich Menschen auf gebende Art.

Wie erziehen und bilden wir unsere Kinder im Neuen Miteinander?

Wir sehen unsere Kinder als lichtvolle, kleine Menschen, die sich in einer sicheren Anbindung an uns und in Freiheit entwickeln wollen, aus sich selbst heraus. Wir schaffen dafür die Rahmenbedingungen. Es braucht jedoch von einer Generation eine Art "Quantensprung" in ein Neues Miteinander.

Wie gehen wir mit Konflikten um?

Konflikte erleben wir als einen Hinweis auf Unstimmigkeiten in unserem eigenen System. Wir gehen in Resonanz und fühlen in uns selbst, was dieser Konflikt in uns zum Schwingen bringt. Dort werden wir weiter und durchlässiger, erst dann agieren wir im Außen. Ein bloßes Re-agieren auf Konflikte findet nicht mehr statt.

Wie gehen wir mit Krankheiten um?

Krankheiten sind Unstimmigkeiten im System auf körperlicher oder seelischer Ebene. Wir schauen, welche Information in dieser Erkrankung liegt. Meistens ist es dann noch möglich, für Ausgleich und Harmonisierung des Körpers bzw. der Psyche zu sorgen. Welche Maßnahmen dafür erforderlich sind, hängt von der Art der Erkrankung und deren Ursache ab. Wichtig ist hierbei, zuerst den Informationsgehalt der Erkrankung zu erfassen und die Eigenverantwortung für eine mögliche Heilung zu übernehmen. Natürlich mit Unterstützung von Ärzten und Medikamenten, wenn dies angebracht ist.

Ich hab Angst vor dem Sterben. Wohin gehen wir, wenn wir sterben?

Angst vor dem Sterben hat einerseits mit fehlender Verbundenheit zum Leben und andererseits mit der Angst vor Kontrollverlust zu tut. Wie wir sterben hängt davon ab, wie wir leben. Verbinde dich mit Himmel und Erde, mit dem Großen Ganzen, bestehe nicht weiter auf deinem Getrenntsein. Erlaube den Gedanken, dass du nie wirklich die Kontrolle hattest. Würde dein Verstand nur eine Sekunde deinen Körper mit all seinen Funktionen am Leben erhalten müssen, du würdest auf der Stelle sterben. Gut, dann wüsstest du möglicherweise sehr schnell, wohin wir gehen, wenn wir sterben. Aber: Gibt es dann überhaupt noch ein "Wir, Du, Ich"?

5 Verankern: sinnbildhafte Geschichte

Eine alte Legende erzählt, dass es da zwei Menschen gab, die überaus glücklich miteinander lebten. Sie waren zufrieden, mit dem was sie hatten und miteinander teilten. Ihre Liebe wuchs durch die Jahre ihres Zusammenlebens. Nichts und niemand konnte diese Liebe zerstören. Eines Tages lasen sie in einem alten Buch, dass es da irgendwo, in weiter Ferne, vielleicht am Ende der Welt, einen Ort gäbe, wo unermessliches Glück herrsche. Ein Ort sollte dies sein, so sagte das alte Buch, an dem der Himmel die Erde küsst. Die beiden beschlossen, diesen Ort zu suchen. Der Weg war lang und voller Entbehrungen. Bald wussten sie nicht mehr, wie lange sie schon unterwegs waren; doch aufgeben wollten sie nicht. Fast am Ende ihrer Kraft erreichten sie eine Tür, wie sie im Buch beschrieben war. Hinter dieser Tür sollte es sich befinden: das große Glück, das Ziel ihres Hoffens und Suchens. Welch eine Spannung war in ihnen – wie wird er aussehen, der Ort, an dem der Himmel die Erde küsst, der Ort, an dem ein solches Glück herrscht. Sie klopften an. Die Tür öffnete sich. Sie fassten sich an der Hand und traten ein. Da standen sie nun – wieder mitten in ihrer Wohnung. Am Ende dieses langen Weges waren sie wieder bei sich zuhause angekommen. Und sie verstanden: Der Ort, an dem der Himmel die Erde küsst, ist der Ort, an dem die Menschen sich küssen. Der Ort, an dem der Himmel die Erde berührt, ist der Ort, an dem Menschen sich berühren. Der Ort, an dem der Himmel sich öffnet, ist der Ort, an dem Menschen sich füreinander öffnen. Der Ort des großen Glücks ist der Ort, an dem Menschen sich glücklich machen.

(Nach einer Legende, Autor unbekannt)

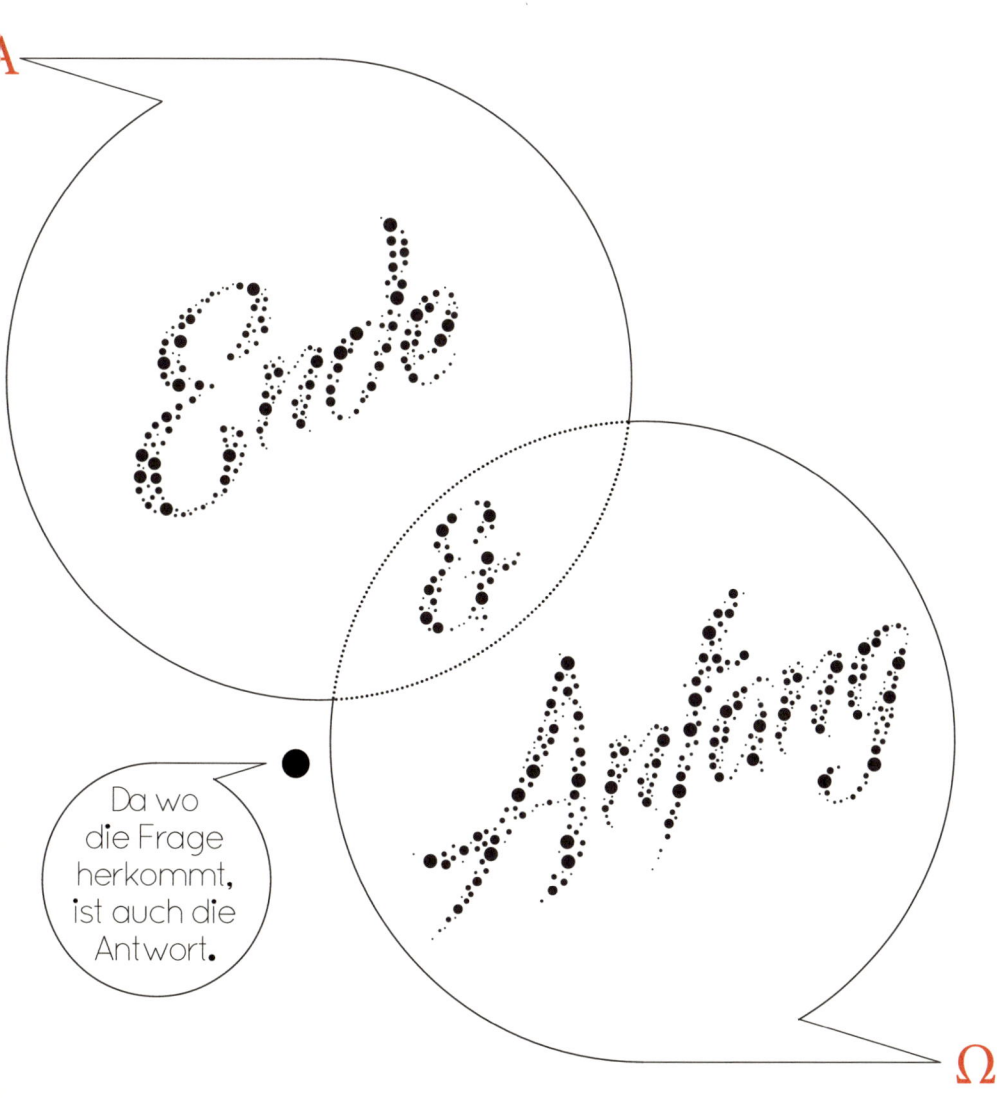

Dein Leben geht weiter, es stellen sich dir neue Herausforderungen, du lernst, auch diese im Hier und Jetzt anzunehmen..., der Kreislauf beginnt von Neuem.
Keiner dieser 5 Schritte ist neu, alles Wissen darüber gibt es längst. Was es braucht, ist deine fühlbare, wache Erfahrung dieses Weges. Es bedarf, den Weg nicht nur zu kennen, sondern ihn auch wirklich zu gehen, immer wieder, in jedem Moment.

Ende und neuer Anfang meiner Geschichte:

Es hat sich geändert. Ich bin glücklich und zufrieden. Manchmal auch nicht. Ich weiß nun, wie es geht und dass es nicht immer geht.
Tief in mir hab ich die richtigen Fragen gefunden, ebenso die entsprechenden Antworten.
Ich gehe meinen Weg. Jetzt mit einem klaren Ja. Ja, ich lebe ein glückliches und zufriedenes Leben. Jetzt.
Ich, die sichtbare Tochter.
Ich, die intelligente Frau, die noch hin und wieder an sich zweifeln darf.
Ich, die „Alleinerin" auf ihrem eigenen Weg.
Ich, die Mutige, die sich traut, sich anderen zu öffnen.
Ich, die Freie mit wundervollen Beziehungen zu wundervollen Menschen.
Ich, mal hell, mal dunkel, mal sichtbar, mal unsichtbar, mal stark, mal schwach, mal außen, mal innen, immer im Wandel.
Ich, Karin Krümmel, geb. 1975, Mensch, zufrieden.
Ja. Jetzt. Auf geht`s.

Danksagung

Mein Dank geht an alle, die dieses Buch ermöglicht haben, u. a.:
meine facettenreiche Familie (Zitat: „Wer weiß, wozu es gut ist.")
W. (Zitat: "Und ist der Ruf erst ruiniert, dann lebt sich's völlig ungeniert.")
WW. (Zitat: "Aus Dir wird noch was ganz Großes.")
WD. (Zitat: „Hör' auf, mit dem Leben zu kämpfen, nimm es an.")
Walter (Zitat: „Beim Dasein da sein.")
Thomas (Zitat: "Du bist noch ein verstecktes Kind.")
M., M., M. und M.
und alle meine bisherigen Klienten und Seminarteilnehmer

Ich danke Dir, für Dein DASEIN.
"Schön, dass Du da bist. Schön, dass ich da bin."
WIR SIND EIN GESCHENK AN DIE WELT.
Ja.